edition theophanie

Manfred Ehmer

Die Weisheit der Dichter

**Theosophie und Esoterik in
den Werken der Dichtkunst**

Die Weisheit der Dichter
Copyright © Manfred Ehmer
1. Auflage 2017
2. Auflage 2020

Titelbild: Fantasy Images Pegasus HD
Quelle: https://wall.alphacoders.com
Abbildungen S. 108, 122, 140, 147, 154,
165, 170, 178: Wikipedia Commons
Verlag und Druck: tredition GmbH,
Halenreie 40-44, 22359 Hamburg

Teil 5 der Reihe **edition theophanie**

ISBN: 978-3-347-00874-8 (Paperback)
ISBN: 978-3-347-00875-5 (Hardcover)
ISBN: 978-3-347-00876-2 (e-Book)

Bibliografische Information der Deutschen Nationalbibliothek: Die
Deutsche Nationalbibliothek verzeichnet diese Publikation in der
Deutschen Nationalbibliografie; detaillierte bibliografische Daten
sind im Internet über http://dnb.d-nb.de abrufbar.

Besuchen Sie den Autor auf seiner Homepage:
www.manfred-ehmer.net

Inhaltsverzeichnis

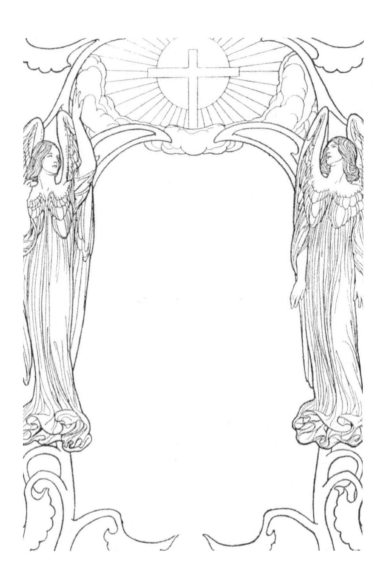

Der Dichter als Mittler zu den Göttern

Doch uns gebührt es, unter Gottes Gewittern,
Ihr Dichter, mit entblößtem Haupte zu stehn,
Des Vaters Strahl, ihn selbst, mit eigner Hand
Zu fassen und dem Volk, ins Lied gehüllt,
Die himmlische Gabe zu reichen.
Friedrich Hölderlin

In gewisser Weise gilt auch heute noch, dass der wahrhaftige Dichter ein Mittler ist zwischen Göttern und Menschen, Oben und Unten, Geist und Stoff. Das Mittleramt der Dichter liegt im Wesen der Dichtkunst selbst beschlossen. Wirkliche Dichtkunst ist nie bloß Handwerk, sondern Auftrag, Berufung. Platon (427–347 v. Chr.) sprach in seinem Dialog *Phaidros* von einem „poetischen Wahnsinn", der – als ein Geschenk der Götter – den Menschen überkomme, ungerufen, um die Seele in einen verzückten Zustand zu erheben, in dem sie sich nur noch in Dichterworten zu äußern vermag. Allein dieser *furor poeticus* macht nach Platon das Wesen der Dichtkunst aus, nicht aber erlernte Kunst: „Wer aber ohne diesen Wahnsinn der Musen in den Vorhallen der Dichtkunst sich einfindet, meinend, er könne durch Kunst allein zum Dichter werden, ein solcher ist selber uneingeweiht und auch seine, des Verständigen, Dichtkunst wird von der des Wahnsinnigen verdunkelt."[1]

Platon unterscheidet zwischen einem krankhaften Wahnsinn, der den von ihm Befallenen in den Untergang treibt, und einem heilsamen, ja göttlichen Wahnsinn, der die Menschen aus ihrer gewohnten irdischen Sphäre heraushebt und sie zu außerordentlichen Leistungen antreibt. Als Beispiele hierfür nennt Platon die Prophetinnen von Delphi, die Priesterinnen von Dodona und die Sibyllen – denn auch die Wahrsagekunst entspringt, wie die Dichtkunst, dem göttlichen Wahnsinn. Und ist der Dichter nicht auch ein „Wahrsager", in dem Sinne, dass er die „Wahrheit" spricht? Das Dichten, soweit es inspiriert ist aus der geistig-göttlichen Welt, gleicht einem hohepriesterlichen Amt. Ein solches Amt kann sich niemand selbst anmaßen; es kann nur von höherer Macht verliehen werden. Von Hesiod wird berichtet, wie er am Berg Helikon die Schafe hütend von den Musen zum Dichter berufen wurde – sie gaben ihm als Zeichen seiner neuen Hoheitsmacht einen Lorbeerzweig und den Rhapsodenstab, das Wahrzeichen des wandernden Sängers. „Ein Stab, das Zepter, gehört den Königen zu, aber auch Herolde, Priester und Propheten tragen ihn; das Gemeinsame ist das Zeichen höherer, gottgegebener, vom Menschen zu scheuender Vollmacht."[2]

Wie jeder wahrhaft berufene Dichter ein Eingeweihter sein muss – denn nur ein solcher kann an die Sphäre der reinen Urworte heranreichen –, so stellt die Dichtkunst eigentlich ein Mysterium dar, dessen Vollzug das Wunder göttlich-menschlicher Kommunion vollbringt. Die Dichter der ältesten Zeit, Homer, Orpheus, die Verfasser der altindischen Veden, waren in der Tat Eingeweihte: Seher und Priester, angefüllt von göttlicher Schau. Und die ältesten Gedichte waren – Hymnen an die Götter! Bis auf den heutigen Tag schöpft die Dichtkunst aus der Kraft des Mythos; die Götter der alten Zeit bleiben noch lebendig, verwandeln sich zumindest in Schemen und Sinnbilder, die das Gefüge der Verse und Strophen geheimnisvoll durchweben. Was bedeutet es, Dichter zu sein in der heutigen, der modernen Zeit: in einer götterleeren, „entzauberten" Welt? Können wir den verlorenen Zauber wieder zurückbringen? Zurück in diese seelenlose Welt? Sind wir nicht vielleicht gar Zauberer, Magier des Wortes? Ist nicht jeder Dichter im Grunde ein – Wortmagier?

Dichtung, Magie und Mythos sind eng miteinander verwandt; auch das Märchen stammt aus gleicher Quelle; sie alle sind vielleicht Erinnerungen an die goldenen Tage einer glücklichen, götterumsorgten Menschheits-Kindheit. So schrieb auch Novalis: „Der Sinn für Poesie hat viel mit dem Sinn für Mystizism gemein. Es ist der Sinn für das Eigentümliche, Personelle, Unbekannte, Geheimnisvolle, zu Offenbarende, das Zufällig-Notwendige. Er stellt das Undarstellbare dar. Er sieht das Unsichtbare, fühlt das Unfühlbare. Kritik der Poesie ist ein Unding. Schwer schon ist zu entscheiden,

(...) ob etwas Poesie sei oder nicht. Der Dichter ist wahrhaft sinnberaubt – dafür kommt alles in ihm vor. Er stellt im eigentlichsten Sinn das Subjekt-Objekt vor: Gemüt und Welt. Daher die Unendlichkeit eines guten Gedichts, die Ewigkeit. Der Sinn für Poesie hat nahe Verwandtschaft mit dem Sinn der Weissagung und dem religiösen, dem Sehersinn überhaupt. Der Dichter ordnet, vereinigt, wählt, erfindet – und es ist ihm selbst unbegreiflich, warum gerade so und nicht anders."[3]

> Wer sichert den Olymp? Vereinet Götter?
> Des Menschen Kraft, im Dichter offenbart.[4]

So heißt es in Goethes Faust, *Vorspiel auf dem Theater*. Noch einen Schritt weiter geht der japanische Samurai-Dichter Ochiai Naobumi (1861–1903), der bekennt:

> Wenn in der Nacht
> Einsam ich aufwache
> Und aus tiefer
> Seele meine Verse sinne:
> Dann bin auch ich ein Gott.[5]

Was ist ein Gedicht, diese seltsamste aller sprachlichen Offenbarungen? Niemand wird dieses Rätsel lösen können. Rudolf Hagelstange hat dennoch versucht, mit bebender Seele eine Antwort zu geben: „Ist es der Flaum von eines Vogels Brust, die Schuppe eines Fisches, das sinkende Blatt einer Rose? Das Winken eines seidenen Tuches, der Seufzer einer Liebesnacht? Der Kuss auf eine verblichene Stirn? Vielleicht ist es dies: ein kleiner Kristall, in dem alles Licht sich gesammelt hat, das unsere Tage erhellt. Eine Träne, die ins feste Gebild flüchtet, um nicht verloren zu sein. Träne der Freude, Träne der Trauer."[6]

Und Hugo von Hofmannsthal lässt sein *Gespräch über Gedichte* in die folgende Betrachtung ausklingen: „Wovon unsere Seele sich nährt, das ist das Gedicht, in welchem, wie im Sommerabendwind, der über die frischgemähten Wiesen streicht, zugleich ein Hauch von Tod und Leben zu uns herschwebt, eine Ahnung des Blühens, ein Schauder des Verwesens, ein Jetzt, ein Hier und zugleich ein Jenseits, ein ungeheures Jenseits. Jedes vollkommene Gedicht ist Ahnung und Gegenwart, Sehnsucht und Erfüllung zugleich. Ein Elfenleib ist es, durchsichtig wie die Luft, ein schlafloser Bote, den ein Zauberwort ganz erfüllt; den ein geheimnisvoller Auftrag durch die Luft treibt: und im Schweben entsaugt er den Wolken, den Sternen, den Wipfeln, den Lüften den tiefsten Hauch ihres Wesens....“[7]

Die neun Musen –
ein Einweihungsweg

Von den Musen will ich beginnen, von Zeus und von Phoibos.
Stammen doch von den Musen und von Apollon, dem Schützen,
Alle Liedersänger und alle Harfner auf Erden,
Könige aber von Zeus. O selig, wen immer die Musen
Lieben; denn süßer Gesang wird seinem Munde entströmen.
Heil euch, Töchter des Zeus, schenkt Ehre meinem Gesange,
Ich aber werde eurer und andrer Gesänge gedenken.[8]

Homerischer Hymnus

Die Musen, diese göttlichen Schutzgeister der Dichter, die in der Antike so oft angerufen wurden, galten gemeinhin als die Töchter des *Zeus* und der *Mnemosyne*; dabei ist Zeus esoterisch gesehen der kosmische Allgeist und Mnemosyne (Erinnerungsvermögen) das Weltgedächtnis oder – mit einem indischen Ausdruck – die Akasha-Chronik. Akasha bedeutet so viel wie Äther. Wir können uns die Akasha-Chronik vorstellen als einen unendlich dünnen feinstofflichen Film, aus der Substanz des Weltenäthers gewoben, der alle Eindrücke aus der physischen Welt empfängt und für alle Ewigkeit in sich aufspeichert. Alle Taten, die je begangen wurden, alle Gedanken, die je gedacht wurden, hinterlassen einen solchen bleibenden Eindruck in der Akasha-Chronik. Hellsichtigen Menschen, nicht Medien, sondern geschulten Eingeweihten, ist es möglich, in der Chiffrenschrift der Akasha-Chronik die Geschehnisse vergangener Perioden zu erkennen.

Alle Dichter, Seher, Propheten und Eingeweihten schöpfen aus der Kraft des Weltgedächtnisses, der Welterinnerung, personifiziert als Mnemosyne, die Mutter der Musen. Denn wie sonst könnten die Dichter und Sänger die Taten der Vergangenheit verherrlichen, wenn sie diese nicht in plastischen Imaginationen vor ihrem geistigen Auge sähen? Und vergessen wir nicht: Die Akasha-Chronik, die oben im Äther schwebt, ist ja kein „Buch" im üblichen Sinne, schon gar kein geschriebener Text, sondern ein reines Bilder-Gedächtnis. Aus der Ebene der Akasha-Chronik empfängt der Dichtende seine zentralen Inspirationen, die er unter Mithilfe der Musen in machtvolle Sprachbilder umwandelt. So wirken die Musen als Mittler: sie tragen die Bild-Inhalte des Weltgedächtnisses in das Bewusstsein des Dichters hinein; und dort werden diese Inhalte in Gedankenformen gekleidet, damit sie an andere Menschen (in metrisch gebundener Form) weitergegeben werden können.

In diesem Sinne wirkt der Dichter als Brücke zur Geistigen Welt; seine eigentliche Aufgabe ist Brückenbau. Die Musen, als die aus-führenden Organe des Weltgedächtnisses (Töchter der Mnemosy-ne), üben bei diesem Amt geistigen Brückenbaus eine wichtige Funktion als Helfer, Mittler und Überbringer aus. In der griechischen Antike dachte man sich die Musen immer in Gruppen auftreten: da gab es die *Pierischen Musen*, die in Pierien östlich des Olymp wohn-ten, nahe den Göttern; dann die *Boiotischen Musen* am Berge Heli-kon in Böotien; dann als dritte Gruppe die *Delphischen Musen*, die am Parnass bei Delphoi lebten, in der Nähe der berühmten Orakel-stätte. Auf ihren Wohnplätzen, geheiligten und magischen Orten, oft an Quellen oder Bächen gelegen – die Musen tragen auch etwas Quellnymphenhaftes an sich –, sangen und tanzten sie, häufig angeführt von ihrem göttlichen Schutzherrn *Apollon Musagetes* (= der Musenführer). Apollon bedeutet den geistig-göttlichen Sonnen-Logos. Er war zugleich Besitzer der Lyra und insofern Schutzpatron der Dichter und Leierspieler.

So unterstand die Dichtkunst in ältester Zeit waltenden Götter-mächten. Ursprünglich nur auf drei beschränkt, treten die Musen schon bei Homer als neun Schwestern auf, wobei jede einzelne über eine bestimmte künstlerische Funktion zu wachen hatte und mit einem entsprechenden Symbol verknüpft wurde. Man kann die neun Musen durchaus als Stufen eines Einweihungsweges verstehen, an dessen Ende die Vereinigung mit dem Weltengedächtnis steht, das Lesen in der Akasha-Chronik. Die Anrufung der Musen bei Beginn einer künstlerischen Arbeit war seit Homer ein weithin gepflegter Brauch, der später auch an Stätten geistigen Lebens, wie Schulen,

Philosophenkreise, geübt wurde. Die Namen der Musen und die
ihnen zugeordneten Bereiche sind:

Erato	Liebesdichtung
Euterpe	Musik
Kalliope	epische Dichtung
Kleio	Geschichte
Melpomene	Tragödie
Polyhymnia	feierlicher Gesang
Terpsichore	Tanz
Thaleia	Komödie
Urania	Astronomie

Ein mythisches Wesen, das mit den Musen in engem Zusammenhang steht, ist der *Pegasos*, jenes wundersame Flügelpferd, auf dem Bellerophon einst zu den Göttern hinaufreiten wollte. Vom Pegasos wird berichtet, dass durch seinen Hufschlag zwei Quellen entstanden seien: die eine heißt *Hippokrene* und fließt in Böotien; die andere nennt man *Peirene*, in der Nähe von Korinth gelegen – beides Stätten, wo die Musen sich zu versammeln pflegten, als deren heiliges Pferd der Pegasos galt. Der Pegasos ist es auch, der den Dichter-Eingeweihten zu den geistig-göttlichen Sphären emporträgt – in jene Höhen des Geistes, wo allein Zeus und Mnemosyne walten, der kosmische Allgeist und das „Weltgedächtnis".

Die indischen Rishis, die griechischen Rhapsoden und die Barden-Sänger der Kelten, die Troubadoure und Minnesänger des Mittelalters, ja noch die inspirierten Dichter der europäischen Klassik und Romantik, auch die japanischen Zen-Dichter, die gottestrunkenen persischen Sufi-Poeten – sie alle treten als Künder höherer Weltengeheimnisse auf; sie alle besitzen ein tiefes Wissen um die Geistige Welt, das sie in ihren Dichtungen mal nur andeuten, mal wieder klar und deutlich aussprechen. Deshalb ist die Dichtung des Morgen- und Abendlandes, zumal in ihren heiligen Anfängen, eine randvolle Schatzkammer spirituellen Wissens. „Dichtung kommt aus Gott und mündet in Gott. Sie schafft magisch die große Vereinigung zwischen Dingen und Geist, zwischen Denken und Sein, zwischen Welt und Schöpfer. Am farbigen Abglanz erschaut sie das Leben, und Natur hat für sie weder Kern noch Schale. Man könnte, ein Wort Spinozas variierend, sagen: Die Dichtung ist nicht die Vorstufe zu einem seligen Jenseits, sie ist dieses Jenseits selbst. Oder: Das Jenseits ist nur das anders angeschaute Diesseits. Denn jenseits dieser Welt gibt es nichts. Noch das Nirwana ... ist diesseits. Die Sterne leuchten auch den Toten, diese Blumen blühen auch für sie. Nur dass die verklärten Gesichter sie anders sehen. Mit übermenschlichen oder unmenschlichen Augen. So sehen auch die Dichter diese Welt mit über- oder unterirdischen Blicken. Gott ist der Geist. Und seine Geister sind die Dichter."[9]

Von den Sängern Gottes handelt vorliegendes Buch – von den Dichtern, Sehern, Mystikern und Eingeweihten aller Zeiten. Wirkliche Dichtung ist ein Weg zum kosmischen Bewusstsein, zum All-Einheits-Bewusstsein der Mystiker. Solche Erfahrung, wie sie R. M. Bucke in seinem Buch *Cosmic Consciousness* in charakteristischer Weise schildert, eignet dem Mystiker wie dem Dichter gleichermaßen: „Wie in einem Blitz offenbart sich seinem Bewusstsein eine klare Vorstellung, eine globale Vision von Sinn und Ziel des Universums. Er kommt nicht zu einer bloßen Überzeugung, sondern er sieht und weiß, dass der dem Ichbewusstsein als tote Materie erscheinende Kosmos in Wirklichkeit etwas ganz anderes ist – nämlich tatsächlich eine lebendige Gegenwart.... Er sieht, dass das dem Menschen innewohnende Leben ewig ist wie alles Leben, dass die Seele des Menschen so unsterblich ist wie Gott, sieht, dass das Universum so geschaffen und geordnet ist, dass ohne jeden Zweifel alles zum Besten aller zusammenwirkt und dass das Grundprinzip der Welt das ist, was wir Liebe nennen, und dass das Glück eines jeden einzelnen letztlich gewiss ist...."[10] In der Tat: Der Dichter muss das ganze Welten-All in sein Inneres hineinnehmen, muss das Schicksal der ganzen Welt mittragen, mit allen Wesen mitfühlen, um den vielfältigen Stimmen des Seins im lyrischen Gedicht – oder im Epos, im Drama, im Roman – Ausdruck zu verleihen.

Die Veden – Urgestein altindischer Dichtung

Wie aus dem wohlentflammten Feuer die Funken,
Ihm gleichen Wesens, tausendfach entspringen,
So geh'n, o Teurer, aus dem Unvergänglichen
Die mannigfachen Wesen hervor
Und wieder in dasselbe ein.

Mundaka-Upanishad 2,1

Dichterkraft und Sehertum, Sprachgewalt und mystische Schau – nirgendwo liegen sie so dicht beieinander wie in der altindischen Literatur, die in den ältesten Texten der Menschheit, den *Vedas*, den *Puranas* und *Brahmanas,* erstmals Ausdruck gewann, um wie ein Echo in den heiligen Schriften des klassischen Indien nachzuhallen. Die altindische Dichtung, eine reine Götterhymnendichtung noch, Ausdruck einer erhabenen Menschheits-Kindheit, ist dem Wurzelboden einer frühindogermanisch-arischen Spiritualität erwachsen, die wie eine Urgesteins-Schicht allem später Dazugekommenen zugrunde liegt. Ihrem Ursprung wie ihrer geistigen Grundhaltung nach beruht die altindische Dichtung weder auf der rein magischen Vorstellungswelt der Naturvölker noch auf den eher weltflüchtigen Tendenzen der späteren Hochreligionen, sondern auf jener geistig hochstehenden, natur- und kosmosverbundenen Spiritualität, die in der Frühzeit des indischen Ariertums Gestalt annahm. Heute indes können wir uns dieses geistige Urwissen wieder neu aneignen.

Aus dem geistigen Urgestein der frühindisch-arischen Spiritualität ragen wie vier monolithische Felsblöcke die vier Haupt-Veden hervor, die mit den zeitlich jüngeren *Upanishads* heute noch zu den kanonischen Texten des Hinduismus zählen. Das Wort *Veda* leitet sich her von *vidya*, das Wissen, das Gesehene. Darin finden wir die indogermanische Wurzel *vid*, die uns auch in dem lateinischen Verb *videre* für sehen begegnet. Die Veden, deren Umfang den der Bibel um das Sechsfache übersteigt, verstehen sich somit als geheiligtes Wissen. Nach orthodoxer Ansicht sind sie nicht menschliches, sondern göttliches Wissen, das anfanglos und unvergänglich ist, und das von den Priestern der Vorzeit in geheiligter Schau „gesehen" wurde. Vedisches Wissen ist also Seherwissen.

Grundlegend für das vedische Weltbild ist, wie auch Hans Joachim Störig in seiner *Weltgeschichte der Philosophie* schreibt, dass „die unserem Denken heute so selbstverständliche Unterscheidung von Belebtem und Unbelebtem, von Personen und Sachen, von Geistigem und Stofflichen noch nicht vorgenommen wurde. Die frühesten Götter waren Kräfte und Elemente der Natur. Himmel, Erde, Feuer, Licht, Wind, Wasser werden, ganz ähnlich wie bei anderen Völkern, als Personen gedacht, die nach Art der Menschen leben, sprechen, handeln und Schicksale erleiden."[11]

Der gesamte Veda enthält vier Sanhitas, Sammlungen von Liedern und Sprüchen für den Gebrauch der Priester bei feierlichen Opferhandlungen – den *Rig-Veda*, den *Sama-Veda*, den *Yajur Veda* und den *Atharva Veda*. Der Rig-Veda zunächst ist das Buch der Götterhymnen. Seine 1028 Hymnen richten sich an die verschiedenen Naturgötter des frühindisch-arischen Pantheons: an den Feuergott Agni etwa, an den Sonnengott Surya, an den Windgott Vata, und natürlich an Indra, den Beherrscher von Blitz und Donner. Der Sama-Veda enthält Lieder und ist daher von grundlegender Bedeutung für die indische Musik. Der Yajur-Veda ist eine Sammlung von Opfersprüchen. Der Atharva-Veda mit seinen 731 Hymnen gilt als eine Sammlung von Zaubersprüchen und magischen Anrufungen; aber es sind, wie im Rig-Veda, auch Lieder zum Lobpreis von Göttern darin zu finden.

Wir haben guten Grund, den Atharva Veda gerade seiner Magie wegen zu den ältesten Teilen der Veden-Sammlung zu rechnen; heiliges Mysterienwissen erklingt aus diesen in Birkenrinde eingeritzten Hymnenliedern, die mindestens schon um 1800 v. Chr., wenn nicht gar noch früher, entstanden sein müssen. Ist doch die Magie die Urform der Religion, der Magier stets der Vorläufer des Priesters gewesen. Tatsächlich mag das Alter des Atharva-Veda gut 4000 Jahre betragen; seine Texte stammen vermutlich noch aus der Zeit, da die ostindogermanischen Stämme der *Aryas*, wie sie sich selber nannten – „Arier", das heißt die „Edlen"–, in das damals noch dicht-bewaldete Industal und in den Pandschab vorstießen. Der Geist jener Zeit war geprägt von einer staunenden Ehrfurcht vor der Natur. Die voralpine Landschaft an den Ufern des Indus und die schneebe-deckten Berge des Himalaya im Hintergrund – das war die Umge-bung, in der jene ersten „Arier", ein schlichtes anspruchsloses Bau-ernvolk, das Göttlich-Numinose in der Natur erleben konnten.

Die Zeit zwischen 1000 und 750 v. Chr., gekennzeichnet durch das weitere Vordringen der Arier in die Ganges-Ebene, gilt nicht als die altvedische oder Hymnen-Zeit, sondern als die Zeit der Opfer-mystik. Die Kaste der Brahmanen hatte sich allmählich herausgebil-det. Und der Mensch hatte sich gegenüber der Natur und den Göt-tern ein neues Selbstbewusstsein angemaßt: der Opfernde ist nun nicht mehr der Bittende, der sich an höhere Weltwesen wendet, sondern er ist der machtvolle Magier, der durch zwingenden Opfer-spruch den Göttern alles dem Menschen Zuträgliche abnötigt. Fast sieht es so aus, als stünden nicht die Götter über den Menschen, sondern umgekehrt die Menschen über den Göttern. In der Zeit zwischen 750 und 500 v. Chr., als die Arier die Urbevölkerung des zentralindischen Dekkan-Hochlandes unterwerfen, entsteht die neue Literaturgattung der *Upanishaden*: das Indertum hatte sich ganz auf das Gebiet der philosophischen Spekulation geworfen, wobei der alte vedische Götterglaube nur noch schemenhaft weiterlebte.

Die Poesie des *Rig-Veda* ist eine bereits hochentwickelte Kunst-dichtung mit stark höfischem Grundzug; die Lieder sind von priester-lichen Sängern im Dienste von Fürsten geschaffen worden, die ihnen ihre Werke mit reichen Gaben – Rindern und Rossen, Gold und Edelsteinen – belohnten. Als ein Beispiel für die zutiefst natur-nahe Götterlyrik der vedischen Zeit sei hier der *Hymnus an die Göttin der Morgenröte* wiedergegeben.

In Majestät aufstrahlt die Morgenröte,
Weißglänzend wie der Wasser Silberwogen.
Sie macht die Pfade schön und leicht zu wandeln
Und ist so mild und gut und reich an Gaben.
Ja, du bist gut, du leuchtest weit, zum Himmel
Sind deines Lichtes Strahlen aufgeflogen.
Du schmückest dich und prangst mit deinem Busen
Und strahlst voll Hoheit, Göttin Morgenröte.
Es führt dich ein Gespann mit roten Kühen,
Du Sel'ge, die du weit und breit dich ausdehnst.
Sie scheucht die Feinde, wie ein Held mit Schleudern,
Und schlägt das Dunkel wie ein Wagenkämpfer.
Bequeme Pfade hast du selbst auf Bergen
Und schreitest, selbsterleuchtend, durch die Wolken.
So bring uns, Hohe, denn auf breiten Bahnen
Gedeihn und Reichtum, Göttin Morgenröte.
Ja, bring uns doch, die du mit deinen Rindern
Das Beste führest, Reichtum nach Gefallen!
Ja, Himmelstochter, die du dich als Göttin
Beim Morgensegen noch so mild gezeigt hast!
Die Vögel haben sich bereits erhoben
Und auch die Männer, die beim Frühlicht speisen.
Doch bringst du auch dem Sterblichen viel Schönes,
Der dich daheim ehrt, Göttin Morgenröte![12]

Der *Atharva-Veda* enthält außer dem in Prosa abgefassten Sechstel Hymnen, die zu sehr verschiedenen Zeiten entstanden sein müssen. Im Mittelpunkt steht jedoch weithin die Magie: Bannsprüche und Zauberformeln sind darin zu finden, böse Dämonen sollen abgewehrt, Krankheiten kuriert, Vorteile der verschiedensten Art wie Liebesglück, Sieg im Kampf sollen erlangt werden. Daneben kommen ansatzweise schon erste philosophische Spekulationen zum Ausdruck, noch zaghaft, fragend, suchend, erste Morgendämmerung eines noch nicht ganz zur Entfaltung gekommenen mentalen Bewusstseins. Bemerkenswert in dieser Hinsicht ist der *Hymnus an den Zeitgott Kala,* der sich an die Zeit, also nicht mehr an eine sinnlich in Erscheinung tretende Naturmacht oder Naturgottheit, sondern an eine Abstraktion wendet; einige Verse daraus sollen hier mitgeteilt werden:

> Der Zeitgott eilt, ein Ross mit sieben Zügeln,
> Er altert nie und sieht mit tausend Augen.
> Die Weisesten besteigen seinen Wagen,
> Und alle Wesen ihm als Räder taugen.
>
> Mit sieben Rädern, sieben Naben fährt er,
> Unsterblichkeit ist Achse seinem Wagen,
> Er bringt die Dinge alle zur Erscheinung,
> Als erster Gott lässt er dahin sich tragen.
>
> Auf seinem Wagen steht ein Krug zum Spenden,
> Wir sehn ihn überall, wo wir auch wohnen,
> Er spendet allen Wesen. Alle sagen:
> Er ist der Herr der höchsten Himmelszonen.
>
> Zustande bringt er alles, immer hat er
> Als der Allüberwinder sich erwiesen;
> Als Vater ist zugleich er Sohn geworden,
> Drum gibt es keinen Mächtigern als diesen.[13]

Der Vedismus, die älteste Religion Indiens, war eine Volksreligion mit stark polytheistischer, ja pandämonistischer Prägung, ganz der Welt zugewandt, deren Güter als im höchsten Maße begehrenswert erschienen, und mit Göttern, die dem Weltganzen in geheimnisvoller Immanenz innewohnten. Aus diesem so ganz diesseitszugewandten Vedismus erwuchs im Laufe der Zeit die Frage nach dem Einen, die Hauptfrage der indischen Religion, die ihre Antwort zuletzt in einer Einheitsmystik findet. Aus der Schar der vielen Welt-Götter, die zunächst alle gleichwertig nebeneinanderstehen, heben sich allmählich einzelne große Göttergestalten heraus; dabei entsteht wie von allein die Frage, wer denn der größte aller Götter sei. Dies ist, religionsgeschichtlich gesehen, ein erster Schritt vom Polytheismus zum Monotheismus, der aus einer religiösen Einheitsahnung erwächst, indem er die vielen göttlichen Numina zu einer einzigen, universalen Göttergestalt zusammenwachsen lässt.

Im jüngeren Rig-Veda nimmt das göttliche Eine schon ausgesprochen unpersonale Züge an; es ist ein nur in mystischer Versenkung zu erlebendes göttliches All-Eines, nicht ein personaler Schöpfergott. Das Eine, von dem das folgende Gedicht handelt, ist nicht mehr Teil der Welt, sondern besteht vor allem Gewordenen, das aus ihm überhaupt erst hervorgeht. Die immer wiederkehrende Frage: „Wer unter den Devas (Göttern) ist es, den wir mit Opferguss ehren?" besagt, dass hier der fromme Dichter fragt, welcher von den bekannten vedischen Göttern dem einen namenlosen „Gott über allen Göttern" am ehesten entspricht. Es geht nicht bloß darum, wer der größte unter den Göttern ist, sondern hier hat die fromme Ahnung bereits erkannt, dass *alle* Götter nur *ein* Gott sind.

> Am Anfang stieg empor das goldne Glanzkind,
> Es war des Daseins eingeborner Meister;
> Er trug die Erde, trug den Himmel droben:
> Wer ist der Gott, den wir mit Opfern ehren?
>
> Der uns das Leben gibt, der uns die Kraft gibt,
> Dess' Machtgebot die Götter all' gehorchen,
> Dess' Schatten die Unsterblichkeit, der Tod sind:
> Wer ist der Gott, den wir mit Opfern ehren?
>
> Er, der in Majestät vom höchsten Throne
> Der atmenden, der Schlummerwelt gebietet,
> Der aller Menschen Herr und des Getieres:
> Wer ist der Gott, den wir mit Opfern ehren?
>
> Er, dessen Größe diese Schneegebirge,
> Das Meer verkündet mit dem fernen Strome;

Dess' Arme sind die Himmelsregionen:
Wer ist der Gott, den wir mit Opfern ehren?

Er, der den Himmel klar, die Erde fest schuf,
Er, der die Glanzwelt, ja den Oberhimmel,
Der durch des Äthers Räume hin das Licht maß:
Wer ist der Gott, den wir mit Opfern ehren?

Zu dem empor, von seiner Macht gegründet,
Himmel und Erde blickt, im Herzen schauernd,
Er, über dem die Morgensonn' emporflammt:
Wer ist der Gott, den wir mit Opfern ehren?

Wohin ins All die mächt'gen Wasser flossen,
Den Samen legend und das Feuer zeugend,
Da sprang hervor der Götter Eines Ursein:
Wer ist der Gott, den wir mit Opfern ehren?

Der über Wolkenströme selbst hinaussah,
Die Kraft verleihen und das Feuer zeugen,
Er, der allein Gott über alle Götter:
Wer ist der Gott, den wir mit Opfern ehren?

Mög' er uns gnädig sein, der Erde Vater,
Er, der Gerechte, der den Himmel zeugte,
Der auch die Wolken schuf in Glanz und Stärke:
Wer ist der Gott, den wir mit Opfern ehren?[14]

Im *Weltschöpfungslied* des Rig-Veda tritt uns das göttliche All-
Eine erstmals in mystischer Schau entgegen, nicht als persönlicher
Gott, sondern als un- und überpersönliches Eines. Selbst die zahlreichen, der Schöpfung innewohnenden Götter und der ihnen zuge-
ordnete Obergott verdanken diesem Unsagbar-Einen und Ursprünglichen ihre Entstehung. Hier beginnt erst Mystik im eigentlichen
Sinne; denn das im Weltprozeß tätige Eine entstammt einem Be-

reich nicht vorstellbarer Transzendenz. Es hat keinen Namen; es heißt einfach nur „Dieses" (Tad), oder „Das Eine, außer dem es sonst nichts gab". Die Chandogya-Upanishad nennt es „Eines ohne ein Zweites", das zweitlose Eine. Der mystische Dichter dieses Liedes weist alle Spekulationen über die Weltentstehung zurück; er ist bereits zu der Erkenntnis gelangt, dass niemand wissen kann, wie alles Gewordene zustande kam, selbst die Götter und ihr Obergott nicht, denn auch diese sind später als das Eine.

> Es war kein Nichtsein damals, und es war kein Sein;
> Es war kein Luftraum auch, kein Himmel über ihm.
> Was webte damals? Wo? Wer hielt in Schutz die Welt?
> Wo war das Meer, der Abgrund unermesslich tief?
> Nicht Tod war damals, auch das Leben gab es nicht;
> Es gab kein Unterschied noch zwischen Tag und Nacht;
> Doch Dieses atmete, auf seine Weise, ohne Hauch:
> Das Eine, außer dem es sonst nichts gab.
> In Dunkel war die Welt im Anfang eingehüllt;
> Und alles 'dieses' war nur unkenntliche Flut.
> Durch Leere war das wundersame Eine zugedeckt:
> Da brachte es durch Glutes Kraft sich selbst hervor.
> Da ward das Eine gleich von Liebeskraft durchwallt,
> Die, aus dem Geist geboren, aller Dinge Same ist:
> Das Herz erforschend, taten es die Weisen kund,
> Wie alles Sein im Nichtsein seine Wurzel hat.
> Und als die Denker querdurch spannten eine Schnur,
> Da gab es 'Oben' plötzlich, und ein 'Unten' auch;
> Und keimesmächt'ge Kräfte traten auf den Plan:
> Begehren unten, oben der Gewährung Kraft.
> Wer hat es ausgeforscht, und weiß es, tut es kund,
> Woher die Schöpfung kam, und wie die Welt entstand?
> Die Götter traten nach dem Einen erst ins Sein.
> Wer also weiß, woher sie ausgegangen sind?
> Woher die Schöpfung ist, und ob der Eine sie gemacht,
> Das weiß, der über diese Welt die Oberaufsicht hat,

Und aus dem höchsten Himmel auf sie niederblickt:
Der weiß es wohl? Vielleicht weiß er es selber nicht.[15]

Wie ein Monument steht das Urgestein der altindischen Dichtung im Strom der Zeiten, alle Wechsel und Wandlungen überdau-
ernd, einmalig in der Wucht und Größe seiner mystischen Schau,
unvergleichlich im Zauber seiner lyrischen Poesie. Als Verfasser der
Veden wird uns ein gewisser *Vyasa* genannt – ein hoher Eingeweihter zweifellos, eine bis heute nicht als historisch nachgewiesene Person, vom Dämmerlicht einer längst vergangenen Frühzeit umhüllt.
Überdies scheint es fraglich, ob die Veden in ihrer Gesamtheit, mit
ihrer großen Spannweite und der Vielfalt an Entwicklungsstufen,
überhaupt der Feder eines einzelnen Mannes entsprungen sein können; so könnte man „Vyasa" auch als einen Gattungs- oder Grup-
pennamen sehen, der auf eine ganze Schar von dichtenden Sehern
der vedischen Zeit angewandt wurde, ähnlich wie im alten Griechen-
land Namen wie „Orpheus" oder „Homer" sich nicht so sehr auf
einzelne Persönlichkeiten, sondern auf ganze Generationen von
Dichter-Sehern beziehen können. Wie man eine ganze Literaturgattung „homerisch" nennt, so schreibt man die altindische Dichtung als
Ganzes „Vyasa" zu.

Die indische Überlieferung kennt außer den Veden, die als übermenschlichen Ursprungs gelten, noch eine Gattung von Literatur,
die auf die Autorität heiliger Menschen zurückgeht. Dazu zählen vor
allem die beiden großen Epen Indiens – das *Ramayana* und das
Mahabharata, ferner gehören hierher die *Puranas*, d. h. alte Erzählungen, die Legenden vermischt mit kultischen Vorschriften und religiösen Betrachtungen beinhalten. Als Verfasser des Mahabharata
wird ebenfalls *Vyasa* genannt – auch hier wieder eine mythische
Figur, da das Dichtwerk in seiner heutigen Form eine im Laufe eines
Jahrtausends angewachsene Sammlung darstellt. Das Ramayana,
das von dem Heiligen *Valmiki* verfasst sein soll (im 2. Jhrt. v. Chr.),
behandelt die Sage von dem göttlichen Helden Rama, dem ein
Riesenkönig seine schöne Frau Sita raubte, von seinen Fahrten und
Kämpfen, um sie wiederzugewinnen, und von seinem schließlichen

Sieg. Wenn die Inder das Ramayana das erste Kunstgedicht nennen, so sicher mit Recht; denn dort wird zum ersten Mal von jenen Schmuckmitteln reichhaltig Gebrauch gemacht – etwa Vergleichen, poetischen Figuren und Wortspielen –, die in der späteren indischen Poetik eine so hervorragende Bedeutung gewinnen.

Die Upanishaden –
Perlen religiöser Poesie

Einer späteren Bewusstseins-Entwicklungsstufe als die altvedischen Dichtungen gehören die aus der klassischen Zeit stammenden *Upanishaden* an. Mit dem Beginn der Upanishaden-Literatur setzt, gegenüber der älteren mythischen Bewusstseins-Struktur, eine wahre Explosion des mentalen Denkens ein. Dieser Durchbruch war notwendig; denn das Denken (Sanskr. *Manas*) gehört nun einmal entscheidend zur Wesenskonstitution des Menschen und musste darum evolutionär herausgebildet werden. Indien, nicht Europa, war hierbei der Vorreiter. „Wenn der Mensch einen Gedanken in seinem Geist hervorbringt, dann geht dieser in seinen Odem, aus dem Odem in den Wind, und der Wind gibt ihn an die Götter weiter" heißt es in einem heiligen Text. Ein schönes Lied über das menschliche Denken, die Kraft des Manas, ist später unter dem Namen *Shiva-Sankalpa-Upanishad* unter die philosophischen Texte der Veden aufgenommen worden:

Das Göttliche, das in die Ferne wandert
Und immer wieder doch zurückkehr'n muss,
Von allen Lichtern ist es einzig wahres Licht:
Das Denken führe mich zu glücklichem Entschluss!

Durch das die Weisen, heil'ger Werke kundig,
Vollziehn die Riten und den Opferguss,
Das als Geheimnis in den Menschen waltet:
Das Denken führe mich zu glücklichem Entschluss!

Das als Erkennen, Wille und Bewusstsein
Im Innern strahlt, von Licht ein Überfluss,
Und ohne das kein Werk ist zu vollbringen,
Das Denken führe mich zu glücklichem Entschluss!

Das, selbst unsterblich, alle die drei Zeiten
In sich umfasst, vom Anfang bis zum Schluss,

Durch das das Opfer flammt der sieben Priester:
Das Denken führe mich zu glücklichem Entschluss!

In dem die Verse festsitzen wie Speichen
In einer Nabe sicherem Verschluss,
In dem die Einsicht aller Wesen wurzelt,
Das Denken führe mich zu glücklichem Entschluss!

Das, wie ein Wagenlenker seine Rosse,
Die Menschen lenkt nach einsicht'gem Beschluss,,
Das fest im Herzen steht und doch umhereilt:
Das Denken führe mich zu glücklichem Entschluss![16]

„Das Denken führe mich zu glücklichem Entschluss!" heißt es hier immer wieder, ein wahrer Hymnus an das Manas-Prinzip des Denkens! Gegenüber der reinen Regelbefolgung einer eher exoterischen, kultisch-rituell ausgerichteten Religion, wie der alte Vedismus zweifellos eine war, findet in diesen Strophen erstmals eine Emanzipation des philosophischen Denkens statt, ein Übergang vom Mythos zum Logos, wie wir ihn im Abendland erst mit dem Auftreten der ionischen Naturphilosophen um 500 v. Chr. in vergleichbarer Form erleben.

Die Upanishaden sind die ältesten Zeugnisse philosophischen Denkens innerhalb der uns bekannten Menschheits-Geschichte! Da sie aber auf verschiedene Schulen und Denker zurückgehen, lehren sie kein festumrissenes System, sondern bringen die mannigfaltigsten Ansichten zum Ausdruck; neben einem ausgeprägt naturmagischen Denken tritt eine tiefsinnige Mystik hervor, die auf spätere Entwicklungen maßgeblichen Einfluss ausübt. Die Grundanschauungen dieser Upanishaden-Gottesmystik stehen fest. Man könnte sie etwa so zusammenfassen: Die Einzelseele ist ihrem Wesen nach ewig und unsterblich; durch das Gesetz der karmischen Tatfolge gezwungen, irrt sie umher, in den vergänglichen Körpern von Pflanzen, Tieren, Menschen und Göttern gebannt, und kommt dabei innerlich doch nicht zur Ruhe. Einen Ausweg aus dem Kreislauf der Existenzen bietet nur die Erkenntnis, dass das Vergängliche der

Seele in Wahrheit nicht angehört – dass die Seele vielmehr mit dem ewigen, seligen Weltgeiste nicht nur verwandt, sondern wesenseins ist. Wer diese höchste Wahrheit erfasst, ist über den Wechselfluss von Leben und Tod hinausgehoben: er wird nicht mehr wiedergeboren, sondern geht in das Absolut-Göttliche, in das Brahman ein.

Das altindische Verb *upa-ni-shad* bedeutet „sich nahe bei (upa) jemanden nieder (ni) setzen (sad)", und das heißt so viel wie „sich verehrungsvoll jemandem nähern", sich als Schüler und einzuweihender Adept zu Füßen eines Meisters zu setzen. Die Upanishaden sind daher durchweg Einweihungs-Literatur, Verehrungs-Literatur, Meistergespräche, die bestimmte Themen der Esoterik zum Gegenstand haben. Deshalb sind diese Texte, ähnlich den Lehrschriften Platons, meistens in Dialogform abgefasst; wir erleben die Gespräche des Brahmanen Uddalaka Aruni mit seinem Sohn Svetaketu, die Fragen des Königs Janaka an den Weisen Jajnavalkya, seine Unterredungen mit seiner Frau Maitreyi. Dass diese Gespräche unter dem Schleier der Verschwiegenheit stattfanden, dass das dort Mitgeteilte Geheimwissen und Geheimlehre war, leuchtet ein und ist selbstverständlich. Die über 100 Upanishaden-Texte, die seit 750 v. Chr. entstanden sind, werden üblicherweise in drei Gruppen aufgeteilt:

1. Die ältesten Prosa-Upanishaden;
2. Die mittleren Vers-Upanishaden;
3. Die jüngeren Upanishaden der Spätzeit.

Die Texte der ersten Gruppe, in der altertümlichen Sanskrit-Prosa der Brahmanas abgefasst, enthalten keimhaft die ersten Anfänge der Atman-Brahman-Spekulation, weisen aber durch häufige Bezugnahme auf das Opferwesen starke Berührungspunkte mit der älteren Priesterreligion auf. Gelegentlich sind auch Verse eingeschoben. Die Upanishaden der mittleren Gruppe sind rein metrisch verfasst, also Gedichte im eigentlichen Sinne, und sie zeigen schon durch ihren Wortschatz, dass sich das philosophische Denken sehr vervollkommnet und von den Banden des alten Ritualwesens weitgehend gelöst hat. Die jüngeren Upanishaden erfreuen sich nicht mehr so großen Ansehens, denn in ihnen kommen voll ausgebildete Systeme mit zum Teil sektiererischen Neigungen zu Wort.

Da das vorliegende Buch von der „Weisheit der Dichter" handelt, können wir die in Prosa abgefassten Upanishaden übergehen; aus der Gruppe der Vers-Upanishaden seien jedoch zwei Beispiele herausgegriffen. Das erste ist die kleine, aber gehaltvolle *Kena-Upanishad*, die aus zwei Teilen besteht, einem älteren Prosa-Teil und einem am Anfang stehenden längeren Gedicht, das nur aus der Zeit einer vollendeten Vedanta-Anschauung stammen kann, wie sie uns in der Kathaka- und Isha-Upanishad entgegentritt, mit denen sie deutlich Berührungen zeigt. Ihren Namen hat sie daher, dass sie mit dem Wort *kena* beginnt, „Wodurch": sie fragt nach dem allgemeinen Grund für Geist, Rede, Sinneswahrnehmung. Als dieser allgemeine Grund wird das Selbst erkannt, das mit dem Weltgeist Brahman identische Atman. Aber nicht der von den Menschen verehrte, mit Eigenschaften versehene, im Gebet angesprochene Brahmagott ist hier gemeint, sondern etwas gänzlich Absolutes, Transzendentes, Verstand und Rede Übersteigendes, mit Sinnen nicht Wahrnehmbares, etwas Unbegreifbares, das nur durch Paradoxien ausgedrückt werden kann. Die Paradoxie des Göttlichen steigert sich zu der Aussage, dass das attributlose Brahman nicht erkannt werden kann: *„Nur der kennt es, der nicht erkennt"*; es kann nur in mystischer Versenkung erlebt werden. Die Strophen des ersten Teils der Kena-Upanishad möchte ich nun in einer eigenen poetischen Nachdichtung folgen lassen.

> Woher ward einst der Geisthauch ausgesandt?
> Wer hat den Odem einst in Tätigkeit versetzt?
> Wer hat die Rede, die wir sprechen, ausgesandt?
> Wer ist der Gott, der Aug' und Ohr bewegt?'
>
> Des Ohres Hören und des Denkens Geist,
> Der Rede Wort und auch des Atems Hauch,
> Des Auges Sehn' – der Weise gibt es auf;
> Und wenn er stirbt, erbt er Unsterblichkeit.

'Zu dem kein Auge jemals vorgedrungen ist,
Nicht Rede und auch der Gedanke nicht,
Der bleibt verhüllt, und wir verstehen nicht,
Wie einer uns ein solches lehren kann.'

Verschieden ist's von dem, was 'Wissen' ist;
Doch auch das Nichtwissen ist es nicht:
So sagten es die Weisen uns,
Die uns hierüber einst belehrt.

Denn der, den keine Rede nennen kann,
Doch selber alle Rede hat hervorgebracht,
Der, sollst du wissen, ist der Brahmageist,
Nicht das, was man bei uns als solchen ehrt.

Denn der, den kein Gedanke denken kann,
Doch selber alles Denken hat gewirkt,
Der, sollst du wissen, ist der Brahmageist,
Nicht das, was man bei uns als solchen ehrt.

Und der, der jedem Aug' unsehbar ist,
Doch selber jedes Auge sehen macht,
Der, sollst du wissen, ist der Brahmageist,
Nicht das, was man bei uns als solchen ehrt.

Und der, der keines Ohr jemals erlauscht,
Doch selber jedes Ohr zum Hören bringt,
Der, sollst du wissen, ist der Brahmageist,
Nicht das, was man bei uns als solchen ehrt.

Und der, den kein Atem jemals hat erhaucht,
Doch selber alles Atmen hat gewirkt,
Der, sollst du wissen, ist der Brahmageist,
Nicht das, was man bei uns als solchen ehrt.

Wenn du meinst, dass du ihn kennst,
So ist es doch ein Trugschluss nur;
Du kennst nur die Erscheinungsform,
Die du bist und die Götter sind.'

Ich glaube nicht, dass ich es weiß;
Ich weiß nicht, dass ich es nicht weiß!
Es weiß ein jeder, was er weiß;
Nicht weiß er, dass er es nicht weiß!

Nur der kennt es, der nicht erkennt;
Wer es 'erkennt', der kennt es nicht, –
Dem Kundigen bleibt's unbekannt,
Dem Nicht-Erkennenden bekannt!

Nur wer es durch Erweckung kennt,
Der kennt's und erbt Unsterblichkeit;
Dass er es selbst ist, gibt ihm Kraft,
Dass er es kennt, Unsterblichkeit.

Die Wahrheit hat, wer es hienieden fand;
Wer es nicht fand, dem ist Verderben groß!
Der Weise nimmt's in jedem Wesen wahr;
Und wenn er stirbt, erbt er Unsterblichkeit.[17]

In enger geistiger Verwandschaft zu dem hier Dargestellten steht die *Isha-Upanishad*. Sie gilt als die älteste und mit Recht angesehenste der Vers-Upanishaden, auch sie eine Wechselfolge von Rede und Gegenrede, abgesehen von den Gebeten am Schluss. Auch ist sie mit ihren 18 Strophen eine der kürzesten Upanishaden überhaupt; sie enthält brennpunktartig verdichtet eine ganze Reihe wertvoller und neuer Gedanken. Sie betont die Wertlosigkeit der Werke und die Wichtigkeit der Erkenntnis des Selbst, das als All-Selbst allen Wesen ohne Ausnahme innewohnt. In diesem Selbst liegt die Einheit der Welt beschlossen. Weder Wissen noch Nicht-Wissen verhelfen zur Erkenntnis; der Glaube an ein ewiges Vergehen ist ebenso ein Irrglaube wie der an ein ewiges Werden, und beide führen ins Verderben. Das göttliche All-Eine ruht regungslos in sich; und doch ist es schneller als der Geist: obgleich es stille steht, überholt es alle Laufenden. So kreist die Isha-Upanishad um das Paradox des unerkennbaren, ewig-seienden Göttlichen. Die folgen-

den Strophen sind ein Versuch, die Isha-Upanishad, dieses Kronju-
wel des indischen Geistes, in rhythmische Verse zu übertragen.[18]

Was immer in der Welt sich regt,
Umhüll' es mit der Gottheit Glanz.
Erfreu' Dich als Entsagender;
Begehr' nicht jemandes Besitz!

Gar mancher wirkt in dieser Welt,
Der hundert Jahre leben will;
So steht's bei allen, auch bei Dir,
Doch Karma haftet Dir nicht an.

Ungöttlich ist die Welt fürwahr,
In tiefe Finsternis gehüllt;
In sie geht nach dem Tode ein,
Wer sich sein Selbst vernichtet hat.

Das Eine, es ist regungslos,
Und ist doch schneller als der Geist;
Es überholt die Laufenden,
Obwohl es selber stillesteht.

Es regt sich, und es regt sich nicht;
Fern ist es, und es ist auch nah';
Im Inneren der Dinge wirkt's,
Und gleicherweise außerhalb.

Und wer die Wesen allesamt
In seinem eignen Selbst erkennt,
Sein Selbst in allen Wesen sieht,
Der hegt auch keinen Zweifel mehr.

Wie kann der Weise, der erkennt,
Wie das Selbst alle Wesen schuf,
Wie kann er, der die Einheit schaut,
Von Kummer angefochten sein?

Nur er ist leibfrei, sehnenlos,
Rein und von Übel nicht befleckt;
Als weiser Seher, selbstentstammt,
Hat er des Daseins Ziel erkannt.

In blinde Finsternis geh'n ein,
Die sich Nichtwissen auserwählt;
In tief're Finsternis geh'n die,
Die sich das Wissen auserwählt.

Nichtwissen nämlich ist es nicht,
Doch auch das Wissen ist es nicht:
So sagten es die Weisen uns,
Die uns hierüber einst belehrt.

Wer Wissen und Nichtwissen sieht
Als reine Einheit, der erlangt
Durch Nichtwissen Sieg über den Tod
Durch Wissen die Unsterblichkeit.

In blinde Finsternis geh'n ein,
Die es nach dem Entwerden drängt,
In tief'res Dunkel jedoch die,
Die an dem Werden sich erfreu'n!

Entwerden nämlich ist es nicht,
Doch auch das Werden ist es nicht:
So sagten es die Weisen uns,
Die uns hierüber einst belehrt.

Wer Werden und Entwerden sieht
Als reine Einheit, der erlangt
Durch Entwerden Sieg über den Tod,
Durch Werden die Unsterblichkeit.

Mit einer goldnen Scheibe ist
Der Wahrheit Antlitz zugedeckt;
Enthülle, Pushan, dieses uns,
Lass uns Recht und Wahrheit schaun!

Oh Pushan, Seher, Yama Du,
Und Surja, Sohn Patanjali's,
Zerteil' Dein Strahl, verein' Dein Licht!
Ich seh' Dich herrlich an Gestalt;
Der Mann dort in der Sonn' bin ich!

Mein Odem wird zum Windhauch nun
Zum Winde, dem unsterblichen,
In Asche endigt dieser Leib.
Oh Geist, gedenke deines Werks!

Oh Agni, führ uns auf dem Weg
Zum Heil, oh pfadekund'ger Gott!
Bewahre uns vor Fehl' und Sünd'
Wir singen stets Dein höchstes Lob!

So also erklingt die heilige Upanishaden-Weisheit Indiens. Im Abendland musste erst ein Meister Eckhart geboren werden, um diese geistige Höhe der Einheits-Mystik wieder zu erreichen; auch die führenden Denker des deutschen Idealismus – Fichte, Schelling, Hegel, Schopenhauer – wussten diesen Gesängen nichts Wesentliches hinzuzufügen, die vor zweieinhalb Jahrtausenden an den Ufern des Ganges und Brahmaputra angestimmt wurden. Die Mystik der Upanishaden bleibt zeitlose Weisheit, vom Flügelschlag der Ewigkeit umweht; staunend nahmen sie die Gebrüder Schlegel zur Kenntnis, als die ersten Übersetzungen Europa erreichten (das „Oupnekhat" des Anquetil du Perron). Hellsichtig hat sich bis heute das Urteil Arthur Schopenhauers erwiesen: „In Indien fassen unsere Religionen nie und nimmermehr Wurzel: die Urweisheit des Menschengeschlechts wird nicht von den Begebenheiten in Galiläa verdrängt werden. Hingegen strömt indische Weisheit nach Europa zurück und wird eine Grundveränderung in unserem Wissen und Denken hervorbringen."[19]

In der Dichtung endlos weiten Welt
Einem Schöpfer gleich der Dichter waltet,

Der das All, so wie es ihm gefällt,
Umzuschaffen weiß und neu gestaltet.

Ist der Dichter selber liebestrunken,
Lässt er auch die Welt in Wonne strahlen.
Ist in ihm die Leidenschaft versunken,
So verliert auch seine Welt den Reiz

Das, was die Sonne und der Mond nicht sehen,
Was weltentrückt der Yogi nicht nimmt wahr,
Was selbst dem Blicke Brahmas kann entgehen,
Dem Dichter einzig ist es offenbar.

Dichtkunstregeln lernen auch die Toren,
Wenn ein Lehrer klug sie unterweist,
Ein Gedicht wird aber nur geboren,
Wenn erleuchtet ist des Dichters Geist.

Heil den großen zaubertönigen
Herzbewegenden Dichterkönigen,
Deren Körper, den Ruhm, den hohen,
Niemals Alter und Tod bedrohen.[20]

Verse wie die hier angeführten lassen erahnen, welche hohe Achtung auch der lyrische Dichter im Alten Indien genossen haben muss. Eine intuitive Fähigkeit, *pratibha*, befähigt ihn, Dinge zu erschauen, die dem Auge des gewöhnlichen Sterblichen verborgen blieben; er allein vermag Zusammenhänge aufzudecken, die ein anderer nicht zu erfassen vermag. Diese ihm zuteil gewordene Gabe wirkt wie eine Naturkraft; deshalb ist er selbst außerstande, sein eigenes Werk zu erklären, und muss dies dem Kritiker überlassen. Wenn vom Dichter gesagt wird, dass er „einem Schöpfer gleich" waltet, so erscheint er in einzigartiger Weise über die Sphäre aller Sterblichen hinausgehoben und in seiner Schöpferkraft nur Gott allein gleichgestellt, da er in seinem Geist ein ganzes All zu erdenken und umzuschaffen vermag.

Das Ramayana – Indiens großes Märchen-Epos

Unter den Perlen der altindischen Literatur sticht das *Ramayana* (Sanskr. wörtl. „Der Lebenslauf des Rama") besonders hervor, als eine einmalige Kulturleistung – ein großes, bunt schillerndes Märchen-Epos, das vom göttlichen Sonnenhelden Rama, seiner geraubten Gattin Sita und den rettenden Taten des Großen Affen Hanuman zu berichten weiß. Es ist eigentlich kein Göttermythos, sondern eher ein Helden-Epos, und zu einem Großteil einfach auch ein Märchen – allerdings ein monumentales Märchen, das sich in sieben Abschnitte oder Bücher („Kandas") gliedert mit insgesamt 24.000 Doppelversen, damit wohl das längste Märchen aller Zeiten. Das Werk wird dem Weisen („Rishi") *Valmiki* zugeschrieben, der jedoch nur eine legendäre Person ist; die ältere reinere Fassung stammt aus Nordindien aus dem 4. Jh. v. Chr., und es erfuhr in den folgenden Jahrhunderten in Bengalen wesentliche Veränderungen. Neben der Sanskrit-Version des Ramayana gibt es noch eine spätmittelalterliche Fassung des großen Epos in Hindi, die auf den gefeierten Dichter Tulsi Das (1541–1605) zurückgeht. Das Ramayana genießt heute in ganz Südostasien größte Verehrung.

Im Vergleich mit dem anderen großen epischen Dichtwerk Indiens, dem *Mahabharata*, scheint das Ramayana einer späteren Zeit anzugehören; wir finden in ihm eine voll entwickelte höfisch-feudale Welt orientalischen Stils dargestellt. Das *Mahabharata* mit seinem rauen Kriegertum ist archaischer, frühweltlicher; es erinnert an die Ilias des Homer im Vergleich zur späteren Odyssee. Das Ramayana ist im besten Sinn des Wortes höfische Kuntspoesie; es stammt aus dem klassischen Indien, und nicht aus einer legendären Frühzeit. Und zweifellos gehört das Ramayana auch zur Weltliteratur, obwohl es in Deutschland erst seit dem 19. Jahrhundert bekannt wurde, und zwar – anders als in England oder Frankreich – immer nur in Form von auszugsweisen Übersetzungen. Den Anfang machten natürlich die Gebrüder Schlegel, dann kam die Übersetzung von Friedrich Rückert, dann die von Adolf Holtzmann, die unter dem Titel *Rama nach Walmiki* 1841 erschien, aber nur eine Versübertragung des zweiten Buches war. So kann man sagen, dass das Ramayana in Deutschland nie richtig Fuß gefasst hat. Ganz anders die Wirkung des Epos in Asien: es gelangte von Indien aus nach Ceylon, in die Himalayaländer, nach Siam, Indochina und Insulinde; es findet sich im javanischen Schattenspiel ebenso wie in der Gründungslegende des Herrscherhauses von Thailand.

Im Mittelpunkt des Ramayana steht natürlich in erster Linie Rama selbst, der in den sieben Büchern zusammen mit seinem jüngeren Bruder Lakshmana und seiner Frau Sita sowie mit Unterstützung des weisen Affen Hanuman so manche *„aventuire"* zu bestehen hat, nicht anders als später die Helden der höfischen Ritterromane des Mittelalters. Insbesondere hat er zahlreiche Dämonen, Feinde der Götter, zu bekämpfen; aber seine Hauptaufgabe besteht darin, den zehnköpfigen, zwanzigarmigen, proteusartig sich verwandelnden Dämonenfürsten *Ravana* zu besiegen, der mit einem gewaltigen Hofstaat auf der Insel Sri Lanka residiert. Eben dieser Ravana war es auch, der Ramas Frau Sita heimtückisch entführte, jene Sita, die einer Ackerkrume entsprang und so als eine Verkörperung der Mutter Erde gelten mag. Der Sieg über den Dämonen Ravana, durch die tatkräftige Unterstützung einer Affenarmee mit herbeigeführt, ist somit auch mit der Befreiung der in den Banden der Gefangenschaft liegenden Sita verbunden. So könnte dem Ramayana ein alter Vegetationsmythos zugrunde liegen: Rama als der göttliche Sonnen-Heros, der gegen das Dunkel kämpft; Sita als die Mutter Erde, die zur Frühjahrszeit aus den Ketten des Winterdämons Ravana befreit wird.

Und tatsächlich ist Rama mehr als bloß ein ins Übermenschliche gesteigerter Held; er gilt als die siebente Inkarnation des Gottes Vishnu auf Erden. Deshalb hat man das Ramayana als das „Evangelium des Hinduismus" bezeichnet, weil es, wie das Johannes-Evangelium der Christen, von der Fleischwerdung des Wortes, von der Menschwerdung Gottes kündet. In diesem Sinne ist das Ramayana nicht nur Abenteuer-Roman, Märchen-Epos und ritterliche Helden-Erzählung, sondern in erster Linie Heilsgeschichte. Es setzt eine zyklische Folge von *Avataren*, göttlichen Verkörperungen auf Erden voraus, durch die sich ein Heilsplan zum Wohle der Erden-Menschheit vollzieht. Im Ramayana vermischt sich Transzendentes mit Historischem, Jenseitiges mit Innerweltlichem. Im Ersten Buch („Bala Kanda") treten die Götter gemeinsam vor Vishnu hin, den obersten Gott, und bitten ihn, sich auf Erden als Mensch zu verkörpern und in dieser Gestalt den bösen Dämonen Ravana zu besiegen: denn nur ein Mensch vermag den allgewaltigen Ravana zu töten. Vishnu gibt den Wünschen der Götter nach und spricht:

„'O ihr Devas, fürchtet euch nicht. Friede sei mit euch. Um euretwillen will ich Ravana zerstören, zusammen mit seinen Söhnen, Enkeln, Ratgebern, Freunden und Verwandten. Und wenn ich diese schrecklichen und grausamen Dämonen erschlagen habe, diese Schrecken der göttlichen Weisen, will ich die Welt der Sterblichen elftausend Jahre lang regieren.' So gewährte Vishnu den Göttern ihren Wunsch, und dann überlegte er, wo er sich auf der Erde als Mensch gebären lassen sollte. Darauf beschloss der lotusäugige Gott, als die vier Söhne des Königs Dasharatha zur Welt zu kommen."[21] Nachdem Vishnu sich in Gestalt der vier Söhne König Dasharathas verkörperte, als Rama, Lakshmana, Bharata und Shatrugna, beschloss die Göttin Lakshmi, die Gemahlin Vishnus, sich als Sita zu inkarnieren, und zuletzt werden auch die Devas verkörpert, nämlich in Form einer gewaltigen Affenarmee, tapfere und mächtige Geschöpfe, die in der Zauberkunst genauso bewandert sind wie in der Kriegskunst. Die Affen unterstehen den beiden Brüdern Sugriva und Valin, Verkörperungen von Surya und Indra. So rüstet sich nun alles für einen geradezu endzeitlichen Kampf, eine Generalabrechnung zwischen Gut und Böse, worauf die elftausendjährige Periode eines „Goldenen Zeitalters" folgen wird.

Im Lichte dieser endzeitlichen Ereignisse erweist sich Rama als eine fürwahr heilsgeschichtliche Gestalt. Edouard Schuré rechnet ihn zusammen mit Krishna, Thot-Hermes, Moses, Orpheus, Pythagoras und Platon zu den „Großen Eingeweihten", und er sieht in ihm sogar einen legendären König aus arischer Frühzeit, der sein Volk aus den dichten Wäldern des Skythenlandes in das Herz Asiens, nach Iran und Indien, geführt habe. Glanzvoll soll seine Herrschaft in Indien gewesen sein: „Durch seine Kraft, seinen Genius, seine Güte, sagen die heiligen Bücher des Orients, war Rama der Beherrscher des Orients und der spirituelle König Europas geworden. Die Priester, die Könige und die Völker neigten sich vor ihm wie vor einem himmlischen Wohltäter. Unter dem Zeichen des Widders verbreiteten seine Sendlinge das arische Gesetz, das die Gleichheit der Sieger und Besiegten verkündete, die Abschaffung der menschlichen Opfer und der Sklaverei, die Ehrfurcht vor der Frau am Herd, den Kultus der Ahnen und die Institution der geweihten Feuer als sichtbares Symbol des ungenannten Gottes."[22]

Am Ende des Treta-Yuga wird Rama nun als Verkörperung des Gottes Vishnu auf Erden inkarniert. Seine drei Brüder, alle Söhne des Königs Dasharatha, sind Teil-Inkarnationen desselben Gottes. Rama als der älteste Sohn soll das Königreich des Vaters erben, aber es kam anders. Seine Stiefmutter Kaikeyi zettelte nämlich ein Komplott an, indem sie Dasharatha dazu brachte, Rama für 14 Jahre in die Verbannung zu schicken und das Königreich ihrem Sohn Bharata zu übergeben. So wird denn Rama auf königlichen Befehl in den Wald geschickt, um dort ein asketisches Einsiedlerleben zu führen, wohin ihm sein jüngerer Bruder Lakshmana und seine ihm anvertraute Gattin Sita folgen. Selbst als Dasharatha stirbt und Bharata, der Rechte des wahren Thronfolgers eingedenk, auf das Königtum verzichten und es Rama übergeben will, besteht dieser darauf, im Wald zu bleiben und die 14 Jahre der Verbannung dort zu verbringen, wie es ihm aufgetragen war. Unbedingter Gehorsam also – ähnlich wie Sokrates, der den Giftbecher trank, obwohl er wusste, dass er zu Unrecht verurteilt wurde. In ihrer Wald-Einsiedelei haben Rama und seine Freunde indes viel damit zu tun, die Angriffe bösartiger Dämonen (und -innen), sogenannter *Rakshasas*, abzuwehren. Nachdem sie eine Dämonin, *Shurpanaka*, besonders verärgerten, ging diese zu ihrem Bruder, dem Dämonenfürsten Ravana, der in Lanka, der Hauptstadt der Insel Ceylon, wie ein Feudalherrscher residiert. Dieser ersann eine List: nachdem einer seiner Dämonen die Gestalt eines prächtigen Hirsches angenommen und die beiden Brüder hinweggelockt hatte, kam Ravana mit seinem fliegenden Wagen vom Himmel herab, ergriff Sita und führte sie hinweg nach Lanka, wo er sie in seinem Palast einsperrte.

Damit ist der Grundkonflikt der Erzählung hergestellt – Rama muss die geraubte Sita, sein weibliches Dual, seine bessere Hälfte, wiedergewinnen; und das kann er nur, indem er den bösen Ravana besiegt. Auf der Suche nach der verlorenen Sita findet Rama einen Bundesgeossen in König *Sugriva*. Durch Zufall und Geschick werden die beiden zusammengeführt, und sie verbünden sich. Sugriva ist der König eines mächtigen, kriegserfahrenen und zauberkundigen Affenstammes, und als oberster Ratgeber, Großwesir und General dient ihm *Hanuman*, ein Affe mit ganz ungewöhnlichen Fähigkeiten. Nachdem Rama dem vom Königsthron verstoßenen Sugriva geholfen hat, seine Herrschaft wiederherzustellen, stellt dieser für Rama eine gewaltige Affenarmee auf, mit dem Ziel, die gefangene Sita zu suchen und notfalls mit Gewalt zu befreien. Es gibt also Krieg – Krieg der Affen gegen die Dämonen, ähnlich wie einst der Krieg der Götter gegen die Asuras. Und er wird, wie Homers Kampf um Troja, um einer Frau willen geführt! Aus allen Teilen der Welt ruft der mächtige Sugriva die ihm botmäßigen Affenkrieger und Affenhäuptlinge zusammen, und eine unübersehbare, vieltausendköpfige Heerschar versammelt sich vor ihm auf dem Kampfplatz:

„In diesem Augenblick verdunkelte sich das Firmament, und ein Schleier fiel über den feurigen Glanz dieses tausendstrahligen Planeten; eine Staubdecke hing plötzlich über allen Gegenden, und die Erde mit ihren Bergen und Wäldern erzitterte. Die ganze Erde war mit unzähligen Affen übersät, die Menschenkönigen glichen und scharfe Zähne hatten und gewaltige Kraft. In der Zeit eines Augenzwinkerns versammelten sich diese Vortrefflichsten unter den Affen umgeben von ihren Truppen; zu Hunderttausenden kamen sie von den Flüssen, den Bergen, vom Meer und von den Wäldern, und sie barsten vor Kraft und brüllten wie Donner. (.....) Alle Affen der Erde versammelten sich um Sugriva herum, sie sprangen und tanzten

und brüllten, und diese Springer umgaben Sugriva, wie eine Wol-
kenmauer die Sonne. Voller Mut und voll Kraft schrien sie immer
wieder Beifall und neigten ihre Köpfe dem König der Affen zum
Gruß. Andere Armeeführer näherten sich dem König brauchgemäß
und stellten sich mit zusammengelegten Händen neben ihn, und
Sugriva stand in höchster Ergebung vor Rama, unterrichtete ihn
über die Ankunft der Affen und sprach darauf zu seinen Generälen,
die vor Eifer brannten: 'O ihr Affenhäuptlinge, stellt eure Truppen
pflichtgemäß auf dem Berg auf, nahe den Bächen im Wald, und
jeglicher zähle sie genau.'[23]

Diese gewaltige Affenarmee macht sich nun auf die Suche nach
Sita, zuerst erfolglos, aber dann greift der Geierkönig *Sampati* ein,
der den Affen sagt, wo Sita verborgen ist. Die Affen marschieren
daraufhin nach Süden, in Richtung Sri Lanka, aber als sie zuletzt an
der Südspitze des riesigen indischen Subkontinents ankommen und
dort das große tosende Meer vor sich sehen, verlieren sie gänzlich
den Mut. Wie dieses gewaltige Meer überqueren? Wie den Stürmen,
Meerungeheuern, Riesenfischen trotzen? Sie finden keinen Ausweg.
Bis schließlich Hanuman als Retter aus der Not erscheint, der sich
erbietet, über das Meer zu springen, um auf der Insel nach dem Ver-
bleiben Sitas zu forschen. Ein solcher Luftsprung war wohl der
größte, der je vollbracht wurde, aber Hanuman ist durchaus kein
gewöhnlicher Affe. Als Sohn des Windgottes *Pavana* verfügt er über
die Fähigkeit des Fliegens; auch kann er seine Körpergröße ändern,
vom Zwergenwuchs bis zur Riesengröße, und außerdem jede be-
liebige Gestalt annehmen. In vielen Teilen Indiens wird er als ein
Gott verehrt. Außer der Arzneimittellehre und der Medizin beherrscht
Hanuman die Grammatik und viele andere Wissenschaften einschließlich der Poesie. Im Ramayana nimmt er zunehmend neben
Rama die Stelle des Zweithelden ein, ja das ganze Unternehmen
zur Befreiung Sitas ist von seinem Erfolg abhängig.

Hanumans Sprung über das Meer – er wird im Fünften Buch des
Ramayana („Sundara Kanda") in epischer Breite geschildert. Um ein
Beispiel indischer Erzählkunst zu geben, soll diese Episode einmal
in aller Ausführlichkeit zitiert sein. Sprungbereit steht der fluggewal-

tige Affengott auf dem Gipfel eines nahe am Meer aufragenden Bergmassivs, der ihm als Absprungschanze dienen soll. Er bereitet sich vor auf den gewaltigsten Sprung aller Zeiten:

„Eine riesige Gestalt nahm er an, denn er wollte das Meer überqueren, und er presste den Berg mit Händen und Füßen, dass der unbewegliche Gipfel unter seinem Gewicht erzitterte und die Blüten von den Wipfeln der Bäume herabregneten und ihn mit einer Decke von duftenden Blumen bedeckten. Unter dem gewaltigen Druck dieses Affen schoss aus dem Berg Wasser hervor wie Saft aus den Schläfen eines brüstigen Elefanten. Gepresst von diesem mächtigen Waldbewohner entließ der Berg unzählige Ströme von Gold und Silber und Korrylium aus seinen Felsen, riesige Steinblöcke lösten sich, die waren mit rotem Arsen durchsetzt, und der Berg glich einer rauchenden Kupferschmiede. (....) Und dieser Affe ließ seine Arme anschwellen wie zwei Keulen und gürtete seine Glieder; und duckte sich und spannte Nacken und Arme an und sammelte all seine Kraft und all seinen Mut. Den kommenden Weg prüfte er, und die Entfernung, die er überwinden musste, schätzte er ab; tief holte er Luft, fest presste er die Füße auf die Erde, dieser Elefant unter den Affen, und Hanuman legte die Ohren an und sprang vor (....). Und er sprang so gewaltig, dass die Zweige der Bergbäume sich schüttelten und nach allen Seiten wirbelten. In seinem pfeilschnellen Flug riss Hanuman diese Bäume mit ihren blühenden Zweigen und liebesberauschten Kiebitzen mit und schleuderte sie zum Himmel hinauf. Fortgerissen durch den Stoß seines ungeheuerlichen Sprungs folgten ihm die Bäume wie Verwandte ihrem Liebling auf eine Reise in ferne Länder ein Stück weit begleiten. (....) Mit einem Schaum bunter Blumen bedeckt glich dieser fliegende Affe einer lichtdurchglänzten dichten Wolke, und das Meer, durch seinen Sprung blütenüberhäuft, sah aus wie das Firmament beim Erscheinen der zauberischen Sterne. Beide Arme hatte er in die Luft ausgestreckt, zwei fünfköpfige Schlangen, ausgehend vom Gipfel eines Berges. Bald schien es, als ob der Affe das Meer selbst mit seinen vielfältigen Wellen, bald so, als ob er den Himmel tränke. Wie er da so dem Pfad des Windes folgte, blitzten seine Augen und glitzerten

wie zwei entzündete Bergfeuer. Die Augen dieses Lohfarbenen glichen Sonne und Mond nebeneinander, und seine kupferne Nase färbte seine ganze Gestalt wie Staub die Sonne beim Untergang.[24]

Hier bekommt man einmal einen Eindruck von der Erzählkunst des Ramayana, von der epischen Breite, der Farbigkeit, Plastizität, der Lust an der Ausschweifung, der Wiederholung, der arabeskenhaften Verzierung, mit der die Handlung dieses gigantischen Epos geschildert wird, das gewiss das längste Märchen aller Zeiten ist. Hanuman jedenfalls, über das Meer gesprungen, kommt am anderen Ufer an, auf Sri Lanka, dem Zauberreich des mächtigen Ravana, und dort begibt er sich unerkannt in die Hauptstadt, die er durchsucht, er trifft schließlich Sita, gefangen in einem Hain von Ashokabäumen, der er ihre baldige Befreiung prophezeit. Er lässt sich sogar von Ravanas Dämonen gefangen nehmen, entkommt ihnen aber, legt noch die Hauptstadt in Brand und kehrt zu den Seinen zurück. Nun steht dem Heereszug gegen Ravana nichts mehr entgegen. Geführt von Rama, Lakshmana, Sugriva und Hanuman zieht die Armee der Affen, wohl die größte Armee aller Zeiten, wenn wir den Worten des Erzählers glauben wollen, der Entscheidungsschlacht entgegen. Um das Meer zu überqueren, baut man unter Anleitung des Affenhäuptlings Nala aus Felsbrocken und Baumstämmen eine Brücke (*Ramasetu*, Sanskr. wörtl. „Ramas Brücke"), über die das Heer nach Ceylon gelangt.

Der Rest des Epos kann stark verkürzt berichtet werden. Natürlich gelingt es Rama, Lanka einzunehmen, Ravana zu töten und Sita zu befreien. Lange wogte die Entscheidungsschlacht hin und her. Endlich kann Rama mit Indras Pfeil das Herz des Dämonenfürsten durchbohren, nachdem seine Köpfe wie die der Hydra stets nachgewachsen waren (Indras Pfeil – ein Symbol für den Sonnenstrahl? Rama als göttlicher Sonnenheld?). Man glaubt schon an ein glückliches Ende, aber dann geschieht das Unglaubliche – Rama verstößt Sita wegen angeblicher Untreue. Wie kann ein Mensch, der als die siebente Inkarnation des Gottes Vishnu auf die Erde kam, derartig fehlgehen? Wie kann er sich so der Eifersucht, dem Misstrauen, dem falschen Stolz hingeben? Aber Rama weiß gar nicht, dass er ein inkarnierter Gott ist; er hält sich für einen gewöhnlichen Menschen. Da erscheint ihm der Gott Brahma und klärt ihn darüber auf, wer er tatsächlich ist: *„Du hast die Welt mit drei Schritten begangen, du hast den schrecklichen Bali gefesselt und Mahendra zum König gemacht. Sita ist Lakshmi, und du bist der Gott Vishnu, Krishna und Prajapati. Um Ravana zu erschlagen, hast du dich in einen menschlichen Leib inkarniert. Den Auftrag, den wir dir gaben, hast du erfüllt, o du Vortrefflichster Pflichtenerfüller. Ravana ist gefallen, steige nun froh in den Himmel hinauf! Unwiderstehlich ist deine Macht, und deine Taten sind niemals umsonst.“*[25]

Sita, um ihre Unschuld zu beweisen, besteigt einen Scheiterhaufen, bleibt aber unversehrt, da Gott Agni sich weigert, sie zu verbrennen. Vereint mit Rama, kehren beide in Ravanas fliegendem Prunkwagen *Pushpaka* nach Aryodya zurück, in die Hauptstadt ihres Reiches, wobei Rama seiner Gemahlin die Gegenden erklärt, die sie überfliegen. In Aryodya erhält Rama von seinem jüngeren Bruder Bharata das Königreich, das dieser bislang treuhänderisch regiert hatte, und wird zum König gekrönt. Von nun an regiert er 11.000 Jahre lang ein Reich des immerwährenden Glücks und Friedens, ein „Goldenes Zeitalter", in dem es kein Leid und keinen Kummer gibt. Damit geht der Schluss wieder ganz ins Eschatologische, Heilsgeschichtliche über. Ist das Ramayana eigentlich ein Märchen? Bloß weil Riesen, Ungeheuer, Dämonen, sprechende Tiere darin vorkommen? Oder ist es Götterdichtung? Heldenerzählung? Oder vielleicht der erste Fantasyroman der Weltliteratur? Es ist all dies und noch mehr als dies. Für den frommen Hindu ist es ein „Evangelium", das von der Menschwerdung Gottes kündet. Für uns einfach eine einmalige Kulturleistung, ein Abenteuerroman voll esoterischer Weisheit.

Der Sonnengesang des
Pharao Echnaton

Seine Nachfolger nannten ihn den „Ketzerkönig" und versuchten, seinen Namen aus der Erinnerung zu tilgen, Spätere sahen in ihm einen religiösen Reformator, den größten Ägyptens vielleicht, und einen Vorkämpfer des Monotheismus – Pharao *Echnaton* (1364–1347 v. Chr.), der unter dem Namen Amenophis IV. den Thron bestieg, bleibt eine der umstrittensten Figuren der uns bekannten Kulturgeschichte. In einer nur 12jährigen Regierungszeit hat er wie kein anderer eine geistige Revolution bewerkstelligt, indem er alle bisherigen Götter stürzte, ihren Kult verbot und einzig die Verehrung der als göttlich gedachten Sonnenscheibe *Aton* zuließ. Diese Reformation war eine „Revolution von oben" ohne Zweifel, per Dekret erlassen und der jahrtausendealten ägyptischen Kultur künstlich aufgepfropft, ohne Rücksicht auf langandauernde Traditionen; darum erreichte die neue Religion die Volksmassen nicht und vermochte auch die mächtige Priesterschaft nicht zu entmachten: Echnaton musste scheitern, denn er spielte ein Spiel gegen die Zeit. Er war jedoch der erste für uns historisch fassbare Denker, der die gesamte Natur und Menschenwelt aus *einem* einzigen schöpferischen Prinzip zu erklären versuchte, wie viele Jahrhunderte nach ihm die ionischen Naturphilosophen, die – mit Thales angefangen – alles Werden aus *einem* Weltprinzip zu erklären versuchten.

Erklärten die Ionier die Welt aus einem Urelement, wahlweise das Wasser, die Luft, das Unendliche oder zuletzt das Feuer, so war für Echnaton einziger und absoluter Bezugspunkt eine so abstrakte Größe wie das *Licht*, verkörpert durch die *Sonne*, der er seinen berühmten Sonnengesang widmete. Eine reine Religion des Lichts war die Kunstreligion Echnatons, immateriell und unanschaulich, streng monistisch, und ohne jede Spur von Symbolik oder Metaphysik. Denn die sichtbare Sonne galt Echnaton nicht etwa als Symbolbild Gottes, sie war vielmehr Gott selbst, ohne Form und Gestalt, nur das reine Licht, wie es die glühende Scheibe am Himmel ausstrahlt.

Also eine Religion ohne Bilder, ohne Götterstatuen, ohne die gewohnten vermenschlichten Göttergestalten, rein intellektuell und lichtorientiert. Dass eine solche Religion nie populär werden konnte, schon gar nicht in einem mit Mystik und Magie so tief vertrauten Land wie Ägypten, leuchtet ein. Dennoch hat Echnaton mit seiner von oben verordneten Reformation deutliche Wegmarken gesetzt und tiefere Spuren in der Kulturgeschichte Ägyptens hinterlassen als jeder andere Pharao vor ihm; er drückte einer ganzen Epoche seinen einmaligen Stempel auf und prägte eine Zeit, die noch bei uns heute als *Armarna*-Zeit bekannt ist.

Die Verehrung der Sonne als Gottheit geht in Ägypten in älteste Zeiten zurück. Ursprünglich ohne festen Kultort, rein am Naturphänomen der Sonne selbst ausgerichtet, wuchs im unterägyptischen On-Heliopolis der Kult des Sonnengottes *Re* schon früh mit dem des Hauptgottes *Atum* zusammen; mit dem Beginn der 5. Dynastie (2475-2345 v. Chr.), auf die Zeit der großen Pyramidenerbauer folgend, rückte Re an die Spitze aller Götter und wurde unter Umwandlung des Königsdogmas als leiblicher Vater der Könige angesehen. Eine solarkultische Theokratie hatte sich also unter dem Schutzmantel der Re-Religion herangebildet. Seit der 11. Dynastie (ab 2160 v. Chr.) nun zeigte sich die Tendenz, den mit der neuen Hauptstadt machtvoll aufgekommen neuen Reichsgott *Amun* mit dem Sonnengott Re gleichzusetzen, sodass *Amun-Re* im Neuen Reich zur wichtigsten Götterfigur werden konnte, und seine Priesterschaft sich zu einer Art „Staat im Staate" entwickelte. In ständige Konkurrenz mit der Re-Religion trat allerdings der weitaus volkstümlichere Osiris-Kult, der in erster Linie ein reiner Jenseitskult war und das Bild des Totengerichts in den Mittelpunkt stellte.

Schon Echnatons Vorgänger zeigten die Neigung, den allmächtigen Amun-Kult von Theben zurückzudrängen und zur ursprünglichen Sonnenreligion zurückzukehren. Amenophis III., Echnatons Vater, der eine bürgerliche Frau *Teje* geheiratet hatte, war in religiösen Dingen ungebundener. Vor allem in späteren Jahren begann er, sich vom traditionellen Amunglauben abzuwenden und die altheliopolitanische Form des Re-Kultes zu bevorzugen. Die Bezeichnung

Aton für die sichtbare Sonnenscheibe taucht unter seiner Regent-
schaft erstmals auf, ja es gab wohl schon eine regelrechte Aton-
Verehrung, die allerdings noch nicht in Konkurrenz mit den her-
kömmlichen Göttern trat und insofern keinen Anlass für Auseinan-
dersetzungen bot. Ein Aton-Hymnus aus der Zeit Amenophis III. besingt den Sonnengott wie folgt: „Man hat deine Strahlen vor Augen
und weiß es nicht. Selbst Gold gleicht nicht deinem Glanz. Du fährst
über den Himmel und alle Menschen schauen dich, und doch ist
dein Glanz vor ihnen verborgen. Preis dir, du Aton des Tages, der
alle Wesen geschaffen und ihnen Lebensunterhalt geschenkt hat."[26]

Es war vielleicht der Wunsch nach einer einheitlichen, universalen, völkerverbindenden Religion, jenseits aller Lokalkulte, die dieser
neuen Aton-Frömmigkeit zugrunde lag, vielleicht auch die Sehnsucht nach einer persönlichen, unmittelbaren, nicht mehr durch
Priester vermittelten Gotteserfahrung, die an die Stelle des bisherigen starren Priesterkultes treten sollte. An das Vorbild dieser älteren
Aton-Bewegung konnte Echnaton anknüpfen. Neu ist bei ihm allerdings die Art, wie er mit aller Vergangenheit radikal bricht. Selbst
seinen Namen Amenophis (= Amon-hotep, der dem Amun gefällt)
legte er ab, um sich stattdessen Achenaten zu nennen (= Der dem
Aton nützt); der Kult der vielen Götter in den Tempeln wurde verbo-
ten, die Namen der geächteten Götter mit dem Meißel aus den
Statuen, Obelisken, Wandreliefs ausgetilgt – es war eine gigantische
Bilderstürmerei, vergleichbar nur den Bilderverwüstungs-Orgien
fanatischer Protestanten während der Reformation. Schließlich verließ er auch die alte Hauptstadt Theben und verlegte die Residenz
weit nach Süden, wo aus dem unberührten sandigen Boden in
kurzer Zeit eine neue Sonnenstadt emporgezogen wurde mit Namen
Achet-Aton (= Horizont des Aton); heute befindet sich in der Nähe
der Ruinenstadt nur noch ein kleines Beduinendorf namens *Tell el
Amarna*.

In den Gräbern der Vornehmen aus der Amarna-Zeit finden wir
den berühmten *Sonnenhymnus des Echnaton* als Wandinschrift
eingemeißelt. Er ist ein einmaliges Stück Dichtung aus dem Nilland,
das die Jahrtausende überdauert hat; ob er auch als liturgischer

Kultgesang einer Aton-Gemeinde gedient hat, mag dahingestellt bleiben. Dieser einmal angestimmte Sonnengesang verhallt nie mehr, er klingt nach im 104. Psalm der Bibel, in Franz von Assisi's Sonnengebet und in moderner Zeit in Hölderlins *Hymnus an den Äther*. Wie in der bildenden Kunst die Aton-Sonnenscheibe mit Strahlen dargestellt wird, die in gebende Hände auslaufen, so erscheint in diesem Hymnus die Sonne als die All-Gebende, der Mensch, Tier und Natur ihr Leben verdanken:

Strahlend steigst du auf am Rand des Himmels,
Aton, der du lebst seit Anbeginn.
Du wanderst empor und erfüllest
Die Welt mit deiner Schönheit.

Hoch glänzt du über die Lande,
Deine Strahlen umfangen, was du geschaffen.
Du bist fern, doch deine Strahlen befruchten die Krume,
und der Halm sprießt, wenn du den Boden geküsst.

Gehst du dann von uns nach Westen unter,
Breitet sich Dunkel über die Erde, als sei sie erstorben.
Es ruhen die Schlummernden in ihren Kammern.
Nähme einer die Habe unter ihrem Kopfe weg,
sie merkten es nicht. Die Welt liegt im Schweigen.

Morgens aber, wenn du wieder am Himmelsrand aufglühst,
da flieht vor dir die Finsternis.
Beide Länder freuen sich deiner Strahlen.
Alle erwachen und stehen auf,
sie waschen den Leib, sie kleiden sich,
betend heben sie die Arme,
Strahlender, zu dir empor,
und die ganze Welt verrichtet ihre Arbeit.

Alles Vieh freut sich auf der Weide,
Felder und Kräuter ergrünen,
Die Lämmer hüpfen auf ihren Füßen,

aus ihren Nestern flattern die Vögel hervor,
mit ihren Flügeln lobpreisen sie dich.
Offen sind alle Wege, da du leuchtest.

Die Schiffe befahren den Strom,
die Fische im Wasser springen vor deinem Angesicht,
deine Strahlen dringen bis in die Tiefen des Meers.
Du gibst jedem deiner Geschöpfe den Atem am Tage der Geburt
Und öffnest seinen Mund und spendest, wessen es bedarf.

Dem Küchlein in der Schale gibst du Luft,
du machst es stark, das Ei zu zerbrechen,
es läuft auf seinen Füßchen, sobald es hervorkam.
Du einziger Gott, der nicht seinesgleichen hat!
Du hast die Erde geschaffen nach deinem Herzen,
du einzig und allein.

Du schufest den Nil, der aus der Unterwelt quillt,
um das Volk am Leben zu erhalten.
Auch an den Himmel setztest du den Nil,
dass er herabflute und die Ackerkrume tränke.

Du schufest die Jahreszeiten, um deine Werke zu vollbringen,
den Winter, den kühlen,
die Sommerhitze, damit sie dich kosten.
Den fernen Himmel hast du gemacht,
um an ihm aufzugehen,
um all das zu schauen, was du allein schufest.

Alle blicken auf zu dir, Sonne des Tages!
Du lebst in meinem Herzen,
kein anderer kennt dich so,
wie dein Sohn Echnaton.

Seit du die Erde gegründet hast,
hast du sie aufgerichtet für deinen Sohn,
der aus dir selber hervorging,
den König von Ober- und Unterägypten,

den Herrn der Kronen, Echnaton, dessen Leben lang sei,
und für die königliche Gemahlin Nofretete.[27]

Was an diesem Hymnus auffällt, ist sein ausgeprägter Natura-
lismus – hier geht es nur um die physische Sonne und um nichts
sonst; es fehlt jegliche Metaphysik, jede Anspielung auf etwas Höheres, Geistigeres, Wesenhaftes; die Dimension der Transzendenz ist
geradezu abgeschafft worden. Und wie Echnaton nur das Licht gelten lassen wollte, aber nicht das Dunkel, so durfte es auch nur das
Diesseits geben, aber kein Jenseits: die in der Kultur Ägyptens so
tief verwurzelte Osiris-Religion wurde ebenso wie der traditionelle
Amuns-Kult zurückgedrängt. Der krasse Realismus der Amarna-Zeit
duldete nur noch das Sichtbare, und so wendete Echnaton die
ursprünglich esoterische Re-Religion der alten Ägypter ins Naturalis-
tische, ja Materialistische, so dass man in ihm fast den ersten Aufklärer und Entmythologisierer der Menschheits-Geschichte sehen
kann. Eine Gestalt, die man in ihrer geistesgeschichtlichen Wirkung
vielleicht mit Martin Luther oder Kant vergleichen kann, flackert in
Echnaton erstmals ein Funke modernen Bewusstseins auf, aber
verfrüht und ohne eine Möglichkeit der Verwirklichung.

Ebenso künstlich wie gewaltsam wollte Echnaton mit seinen von
oben diktierten Reformen diesem uralten Priesterstaat Ägypten
einen gewaltigen Sprung in die Moderne vorschreiben. Zu den Reformen des Echnaton gehört auch, dass er das zu seiner Zeit ge-
sprochene Mittelägyptisch zur Schrift- und Literatursprache erhob,
womit das besonders für priesterliche Zusammenhänge wichtige
Altägyptisch zum reinen Relikt wurde. Alles war nun plötzlich im
Aufbruch begriffen, alles im Wandel, im Fließen, in Bewegung gekommen. So auch die Darstellungen in der bildenden Kunst: anstelle
des starren blockartigen Dastehens der älteren Pharaonenbildnisse
werden Personen nun in Bewegung gezeigt, meist auf dem Pferde-
gespann stehend, oft auch in kühnen Drehungen und Stellungen
anstelle der bisherigen Frontalansichten, so als wolle man die seit
ungezählten Dynastien geltenden Kunstmaßstäbe mit einem Male
sprengen und durch etwas ganz Neues ersetzen. Die Darstellungen

des Echnaton selbst sind in ihrem Realismus von erschreckender Hässlichkeit; da fehlt jede Spur von Verklärung, Idealisierung, im Gegenteil wird die körperliche Unzulänglichkeit des Pharao fast manieristisch übersteigert.

In der neuen Sonnenstadt Achet-Aton, die rund 100.000 Einwohner gezählt haben muss, lebte Echnaton ausschließlich seinem Aton-Kult; aber das ägyptische Riesenreich, das sich über 18 Breitengrade erstreckte, zusammenzuhalten – dazu fehlte dem haltlosen Träumer die starke Hand. So konnte er es nicht hindern, dass Ägyptens Hauptfeind, die Hethiter, schon in den Zedernwäldern des Libanon standen und unerbittlich vorrückten; die Hilferufe seiner Vasallen aus den Provinzen verhallten ungehört. Über das Ende Echnatons wissen wir nichts. Litt er an einer unheilbaren Krankheit, fiel er einem Anschlag zum Opfer? Nach seinem Tod änderten sich die Verhältnisse rasch und grundlegend. Sein Schwiegersohn, der jugendliche *Tutanchaton* (1333-1325), verlegte den Regierungssitz recht bald nach Theben und setzte die alten Götter unverzüglich in ihre Rechte ein; das Andenken Echnatons wurde getilgt. Mit dem Tode des jungen Nachfolgers, der sich nun *Tutanchamun* nannte, des Gottes Amun eingedenk, erlosch die 18. Dynastie, die so glanzvoll begonnen hatte, wie eine zu früh niedergebrannte Leuchte.

Gilgameschs Suche
nach Unsterblichkeit

D as *Gilgamesch-Epos* – einsam wie ein erratischer Block ragt es aus der Landschaft der übrigen Weltliteratur hervor, älter als die Bibel, älter als die heiligen Veda-Gesänge der Inder und die ersten Schriftzeugnisse Ägyptens, und seine Botschaft von der Ausweglosigkeit angesichts der unvermeidbaren Realität des Todes klingt streng und herb aus dem in Daseinstiefen gefangenen Geist einer gewaltigen und erhabenen Dichtung. Der Stoff des Gilgamesch-Epos ist uns nur in Bruchstücken altmesopotamischer Keilschrifttexte erhalten; sie fanden sich größten Teils bei den Ausgrabungen von Kujundschik, dem heutigen Ninive, als Bestandteil der großartigen Tontafelbibliothek des Assyrerkönigs Assurbanipal. Der Kern der Sage aber ist uralt. Er geht sicherlich auf eine sumerische Urfassung zurück, mindestens in das 3. Jahrtausend v. Chr., und die erste schriftliche Fassung stammt wohl aus der Glanzzeit Sumers unter der 3. Dynastie von Ur (um 2000 v. Chr.), als im Zuge einer Art kultureller Renaissance große Teile der bis dahin nur mündlich überlieferten sumerischen Literatur keilschriftlich niedergelegt wurden. Diese Urfassung des bald über die Grenzen des Zweistromlandes verbreiteten Epos wurde mehr als ein halbes Jahrtausend später, um 1200 v. Chr. in der späten mittelbabylonischen, kassitischen Zeit einer Endredaktion unterzogen.

Das Epos berichtet von dem legendären Königshelden aus lang vergessener Urzeit, dem Gottmenschen Gilgamesch, der – zu zwei Dritteln ein Gott, zu einem Drittel Mensch – dennoch nicht die Unsterblichkeit der Götter besitzt, sondern – zutiefst erschüttert über den Tod seines Freundes, des Tiermenschen *Enkidu* – die erfolglose Suche nach dem ewigen Leben unternimmt, die ihn schließlich zu seinem vergöttlichten Urahn, den letzten Überlebenden der Großen Sintflut, *Utnapishtim*, hinführt. Das Motiv der Freundschaft mit Enkidu und die eingewobene Sintflutlegende stellen die beiden Hauptmotive der Dichtung dar. Gilgamesch galt als der despotische König der am Persischen Golf gelegenen Stadt Uruk, deren monumentale Stadtmauern er errichten ließ. Auch das Alte Testament der Bibel kennt diesen König Gilgamesch aus sumerischer Urzeit, jedoch unter dem Namen *Nimrod*. Die „Völkertafel" zählt ihn unter den nachsintflutlichen Söhnen Noahs auf: „Kusch aber zeugte den Nimrod. Der war der erste, der Macht gewann auf Erden, und war ein gewaltiger Jäger vor dem Herrn" (1.Mose 10,7-8).

Das Epos nennt Gilgamesch einen Riesen, gewaltig an Kraft und Körpergröße, mit zwei Dritteln göttlichem Anteil; man denkt hier gleich an die Erzählung des Alten Testaments und des Buchs Henoch, wie „Gottessöhne" – gefallene Engel – noch vor der Sintflut auf die Erde herabkamen und mit den sterblichen Frauen ein halbgöttliches Geschlecht von Riesen zeugten: „Das sind die Helden der Vorzeit, die hochberühmten" (1.Mose 6.4). So weist auch Gilgamesch als Riese und Halbgott auf die vorsintflutliche, atlantische Zeit zurück. Gilgamesch ist ein Spätling aus der versunkenen Atlantis-Kultur, der sich in die nachsintflutliche Welt hinübergerettet hat. In ihm schlummert noch die verborgene Göttlichkeit vergangener Geschlechter; aber unerträglich ist ihm das Los der Sterblichkeit. Das Epos beginnt auf seiner ersten Tafel mit den Worten, die akkadisch lauten: *scha naqba imuru*, „der alles schaute", und es beschreibt den Helden so:

> Der alles schaute bis zum Erdenrande,
> Jed' Ding erkannte und von allem wusste,
> Verschleiertes enthüllte gleichermaßen,
> Der reich an aller Weisheit und Erfahrung,
> Geheimes sah, Verborgenes entdeckte,
> Verkündete, was vor der Flut geschah,
> Der ferne Wege ging bis zur Erschöpfung,
> All' seine Müh' auf einen Stein gemeißelt –
> Er baute des umwallten Uruk Mauer,
> Rings um Eanna den geweihten Tempel.[28]

„Der alles schaute bis zum Erdenrande" – das war Gilgamesch. Nach der um 2000 v. Chr. entstandenen „Sumerischen Königsliste" war er der 5. Herrscher der 3. Dynastie von Uruk und hatte als letzter dieser mythischen Könige eine, im Vergleich durchaus bescheidene, übermenschliche Regierungsdauer von 126 Jahren. Die atlantischen Riesen hatten in der Regel eine überlange Lebensspanne, wie auch die 10 biblischen Urväter von Adam bis Noah zeigen. Die 1. Dynastie von Uruk ist laut Liste die „zweite nach der Flut", ihr geht die von Kisch mit 23 Königen und einer Dauer von 24.510 Jahren voraus! Die gigantischen Körpermaße des Riesen Gilgamesch beschreibt die 1. Tafel so:

> Als Gilgamesch erschaffen ward, da machte
> Der Götter Mächtigster vollendet seine Form.
> Der Sonnengott vom Himmel gab ihm Schöne,
> Und Adad schenkte ihm den Heldenmut.
> Gar machtvoll schufen ihn die Götter:
> Elf Ellen hoch, die Brust neun Spannen breit.
> Zwei Drittel göttlich und ein Drittel menschlich –
> Gewaltig ragte seines Leibs Gestalt.[29]

Eine Elle beträgt nach biblischem Längenmaß 46 cm, eine Spanne misst die Hälfte davon und hat 23 cm; Gilgameschs Körperhöhe würde mit 11 Ellen also 5,01 Meter betragen haben, die Breite seiner Brust 2,07 Meter; ob man solche Anhaben wörtlich nehmen soll, ist eine andere Frage. Dennoch gibt es in allen archaischen Weltkulturen Berichte über „Riesen", was immer man sich darunter vorstellen soll, sowie über legendäre Urkönige mit übermenschlich langen Lebensdaten. Der ohne Zweifel historische Herrscher Gilgamesch wurde schon früh vergöttlicht; jedenfalls nennt die älteste, aus der „Sintflutstadt" Fara-Schuruppak stammende Götterliste, die um 2600 zu datieren ist, neben Lugalbanda bereits Gilgamesch als einen Gott.

Dass er unter seiner Regierungszeit die Stadtmauern von Uruk errichtete, muss wohl als sein dauerhaftestes Werk gelten. Noch im

18. Jhr. v. Chr. bezeichnet Anam von Uruk die Mauer seiner Stadt, die er restaurieren ließ, als in alter Zeit von Gilgamesch erbaut. In den Jahren 1934-35 konnte bei den Ausgrabungen von Warda, wie Uruk heute heißt, diese vielgepriesene Mauer wieder vollkommen freigelegt werden: es war ein aus plankonvexen Ziegeln gebauter doppelter Mauerring von 5 Metern Durchmesser, der sich 6 Meter hoch erhob; die äußere Mauer besaß alle 10 bis 20 Meter vorspringende halbrunde Bastionen von etwa 4 bis 5,40 Metern Durchmesser, deren Zahl auf 800 bis 900 geschätzt wird, denn die Länge der ein ungefähres Oval bildenden Mauer betrug nicht weniger als 9,5 km. Im Norden und Süden unterbrach je ein mächtiges Stadttor die Umwallung, die als das mit Abstand größte Befestigungswerk Sumers unübertroffen blieb. Aber die Leute von Uruk stöhnten unter der Tyrannenherrschaft ihres Königs Gilgamesch, der sich bei Hochzeiten das „Recht der ersten Nacht" herausnahm. Nur einen wirklichen Freund gewann er, gleichwertig auch an Kraft und Körperumfang, den „Wilden" *Enkidu*.

Von Anu, dem Stadtgott Uruks, als Gegengewicht zu Gilgamesch geschaffen, ist Enkidu eigentlich ein Tiermensch, in Felle gekleidet und überall behaart, einsam durch Steppe und Bergregionen streifend, ein Geselle nur der Gazellen und anderer wilder Tiere, ein Schrecken aber der Jäger und Hirten, die ihm zufällig begegnen. Also der *Tiermensch* Enkidu und der *Gottmensch* Gilgamesch – beide einsam, bilden sie ein sich ergänzendes Freundespaar, in dem die Extreme sich vermählen. Die Tiernatur und die Gottnatur treffen sich und vereinen sich im Menschlichen – ein zutiefst symbolischer Gedanke! Vielleicht sind Gilgamesch und Enkidu deswegen gemeinsam so unübertrefflich, weil ihnen die ganze Spanne vom Tier bis zum Gott zu Verfügung steht? Und obwohl sie scheinbar an entgegengesetzten Polen stehen, gleichen sich die beiden aber auch wie Zwillingsseelen, und diese Gleichheit trotz aller Verschiedenheit ist das wahre Geheimnis ihrer Freundschaft, die letzten Endes selbst den Tod überdauert.

Enkidu wird in die Zivilisation gelockt, von einer Tempeldirne domestiziert, von Hirten mit Brot und Bier aufgezogen – bis er schließlich nach Uruk kommt, um dort Gilgamesch zu treffen, den er im Zweikampf als verwandte Seele und Freund erkennt. Gemeinsam ziehen sie zu den Zedernwäldern des Libanon, um den dort wohnenden Walddämonen Chuwawa zu bezwingen, aber dessen Tötung und das Fällen der heiligen Zeder war ein Sakrileg, das Enkidu mit dem Tode büßen muss. Aber vor dem tragischen Tod Enkidus, der Gilgameschs Suche nach der Unsterblichkeit auslöst, wird als weiteres Abenteuer die Auseinandersetzung mit der Großen Göttin *Ishtar* und der Kampf mit ihrem heiligen Himmelsstier berichtet. Symbolisch ist es der Sieg des durch den Sonnengott *Schamasch* repräsentierten Patriarchats über das – nur noch in Resten vorhandene – ältere Matriarchat; der Stier steht hier als das Symboltier der Großen Göttin und weist möglicherweise auf das alte verflossene Stier-Weltzeitalter (4470–2310 v. Chr.) hin, das noch ganz unter dem Zeichen des Matriarchats gestanden hatte. Nachdem Gilgamesch Ishtars Eheantrag zurückgewiesen und sie mit Schmähreden bedacht hatte, lässt die erzürnte Göttin den von Anu geschaffenen Himmelsstier auf die Stadt Uruk los. Den Kampf mit ihm und seine Erlegung schildert das Epos in einer Szene voller Dramatik:

> So stieg herab (denn nun) der Himmelsstier ...
> Sein (erstes) Schnauben fällte hundert Menschen,
> Zweihundert, gar dreihundert tötet' er.
> Sein zweites Schnauben (fällte) hundert weitere,
> Zweihundert, gar dreihundert tötet' er.
> Beim dritten stürtzt' er sich auf Enkidu.
> Doch Enkidu wich seinem Angriff aus,
> Sprang hoch und fasst' des Himmelsstieres Hörner.
> Der blies ihm seinen Geifer ins Gesicht
> Und schlug auf ihn mit seinem mächtigen Schweif ...
> Er sprang voran, den Himmelsstier zu packen,
> Und hielt ihn fest an seinem mächtigen Schweife,
> Und zwischen Hals und Horn stieß er sein Schwert.
> Als sie so (nun) den Himmelsstier getötet,
> Da rissen sie das Herz ihm aus der Brust,

Und brachten es (als Opfer) Schamasch dar...[30]

Die Tötung des Himmelsstiers – deutlicher lässt sich die Besiegung des alten Äons durch das neue nicht darstellen. Gilgamesch ist wie Theseus, der den Stiermenschen Minotaurus bezwang, ein Heros des anbrechenden Widder-Zeitalters, wie überhaupt das Epos allzu deutliche astrale Bezüge enthält. Doch dass Enkidu wegen des begangenen Frevels nun sterben muss, ist unabänderlicher Götterbeschluss. So steht die erschütternde Realität des Todes im Mittelpunkt des Epos:

> Gar bittre Tränen weinte Gilgamesch
> Um Enkidu, den Freund, irrt' durch die Steppe.
> Wird's mir nicht, sterb' ich, gehen wie Enkidu?
> Verzweiflung hat mein Inneres erfüllt,
> Vorm Tode bebend irr' ich durch die Steppe!'[31]

Getrieben vom Wunsch nach ewigem Leben, beschließt Gilgamensch, seinen Urahn, den zu den Göttern entrückten Utnapishtim, den letzten Überlebenden der Großen Sintflut, aufzusuchen. Die frühere Deutung dieses Namens als „Ich habe Leben gefunden" gilt zwar als nicht mehr haltbar, aber die sumerische Entsprechung des Namens, *Ziusudra* (daraus das griechische *Xisuthros* des Berossos), trägt die Bedeutung von „Leben langer Tage". Utnapishtim wohnt auf der Insel der Seligen nahe dem Göttergarten fern im Westen, wo die Sonne untergeht, und gefährliche Todeswasser muss man durchqueren, um zu seinem Wohnort zu gelangen. Die Reise zu dem des ewigen Lebens kundigen Urahn wird mit diversen Abenteuern ausgeschmückt, die wahrscheinlich den Gang der Sonne durch die Tierkreiszeichen versinnbildlichen: der Kampf mit dem Löwen (wie Herakles mit dem nemeischen Löwen); die Begegnung mit dem Skorpionmenschen; der Aufenthalt bei der Schenkin (Jungfrau?). Denn Gilgamensch ist eigentlich ein Sonnenheros, seine Suche ein kosmisch-astraler Weltengang.

Gilgamesch wandelt auf den Pfaden Schamaschs, des Sonnengottes. Aber immer wieder wird ihm die Nutzlosigkeit seines Tuns vorgehalten. Die Schankwirtin Siduri, die „fern am Rand des Meeres" haust, weiß ihm nur einen Rat zu geben, nämlich das hedonistische *carpe diem* („Genieße den Tag"), ein zweifellos epikureischer Ratschlag rund 2000 Jahre vor Epikur, der indessen in der babylonischen – und übrigens auch ägyptischen – Literatur durchaus vorkommt. Dass dieser Rat ausgerechnet einer Vertreterin des Gastwirtsgewerbes in den Mund gelegt wurde, mag daran liegen, dass dieser Beruf im alten Zweistromland nicht in hohem Ansehen stand. Desillusionierend ist der Rat Siduris, der indessen ohne jede Wirkung auf Gilgamesch bleibt:

'O Gilgamesch, wohin (noch) willst du laufen?
Das Leben, das du suchst, wirst du nicht finden!
(Denn) als die Götter (einst) die Menschen schufen,
Da teilten sie den Tod der Menschheit zu,
Das Leben aber nahmen sie für sich!
Drum fülle dir, o Gilgamesch, den Bauch,
Ergötze dich bei Tage und bei Nacht,
Bereite täglich dir ein Freudenfest,
Mit Tanz und Spiel bei Tage und bei Nacht!'[32]

Doch immerhin kann Siduri dem irrenden Helden den Weg zu dem Fährmann *Urschanabi* weisen, eine dem Charon ähnliche Gestalt, der mit seinem Kahn die Todesgewässer befährt, die den Wohnort des Utnapishtim vom Reich des Lebendigen abtrennen. Utnapishtim ist ein Eingeweihter, ein Aufgestiegener, ein Gottgewordener, denn von ihm heißt es, dass er „in den Kreis der Götter trat und lebt"; ihm gelang es also als einzigem, das allen Sterblichen zugedachte Los des Todes zu überwinden. Urschanabi als Unterwelts-Fährmann kommt die Rolle eines Mystagogen zu, der Gilgamesch zu einem geheimen Ort seiner Wünsche bringt, der sich jenseits alles Irdischen befindet.

Im Mittelpunkt der Utnapishtim-Episode steht die – wohl nachträglich eingeschobene – *Sintflutgeschichte*, hier als Ichbericht des Sintfluthelden selbst dargeboten, die schon in einer sumerischen Urfassung existiert, später aber im Sinne der israelitischen Jahwereligion umgestaltet vom Verfasser des ältesten Pentateuchs in die biblische Urgeschichte aufgenommen wurde. L. Wooleys Entdeckung einer 3 Meter dicken Schwemmschicht in Ur wurde als der endgültige archäologische Beweis einer zumindest partiellen Überflutung im alten Zweistromland angesehen. Textfunde aus Ugarit belegen, dass die babylonische Sintflutgeschichte bereits in der 2. Hälfte des 2. Jahrtausends v. Chr. bei den Kanaanäern Syrien-Palästinas bekannt war. Utnapishtim ist der sumerische Vorläufer des biblischen Noah; von dem weisen Gott Ea erhält er eines Tages die Weisung, eine Arche zu bauen, die aller Lebewesen Samen enthalten soll. Sie soll 120 Ellen, d.h. über 55 Meter lang und hoch sein, innen sieben Decks enthalten und von außen mit Asphalt abgedichtet sein. Ganz ähnlich lauten die Bauanweisungen an Noah: „Mache dir einen Kasten von Tannenholz und mache Kammern darin und verpiche ihn mit Pech innen und außen. Und mache ihn so: Dreihundert Ellen sei die Länge, fünfzig Ellen die Breite und dreißig Ellen die Höhe" (1.Mose 6, 14-15).

Noahs Gefährt ist also größer; aber es hat nur drei Stockwerke anstatt sieben. Sieben Tage lang tobte der Sintflutsturm nach dem Gilgamesch-Epos, nach dem Bericht des Jahwisten 40 Tage (1. Mose 7,17). Nach dem Ende der Sintflut landet Utnapishtim mit seinem kastenförmigen Boot auf dem Gipfel des Berges Nisir, einem bestimmten Berg in Kurdistan, wohl dem etwa 2600 m hohen Pir-i-Mukurun im Bereich des kleinen Zab, eines östlichen Tigris-Nebenflusses. Der biblische Berichterstatter hingegen lässt Noah auf dem Berg Ararat landen (1.Mose 8,4); dennoch bleibt die Ähnlichkeit der beiden Versionen unverkennbar. Auch die Entsendung der Vögel, nach erfolgter Landung, der Auszug aus der Arche und zuletzt das Dankopfer (1.Mose 8.20) stimmen so augenfällig miteinander überein, dass der biblische Bericht nur die Nacherzählung einer älteren babylonisch-sumerischen Urfassung sein kann. Nur in *einem* Punkt weichen die Texte voneinander ab: während Noah nach der Flut ein sterblicher Mensch bleibt, wenn auch mit extrem hoher Lebensspanne, wird Utnapishtim danach vergottet und mit dem Geschenk der Unsterblichkeit belohnt; er darf nun ewiges Leben genießen:

> Bisher war Utnapishtim (nur) ein Mensch,
> Von nun (aber) sollen Utnapishtim
> Und (auch) sein Weib (fürwahr) uns Göttern gleichen
> Und wohnen an der Ströme ferner Mündung.[33]

Hierzu gibt es in der Bibel keine Parallele; vielleicht weil Jahwe zu eifersüchtig über seine Göttlichkeit wacht, als dass er es zuließe, dass einer der Sterblichen den Göttern gleiche. Der Ort, wo Utnapishtim nun wohnt, ist ein rein mythischer, der mit der Mündung der beiden Ströme Euphrat und Tigris nichts zu tun hat. Aber wie kann Gilgamesch nun Unsterblichkeit erlangen? Utnapishtim weiß Rat:

> Verborgenes will, Gilgamesch, ich künden.
> Werd' ein (Geheimnis) dir (der Götter) sagen:
> Da gibt es eine Pflanze, stechdornähnlich ....
> Sie sticht dich gleich der Rose in die Hand.
> Wenn deine Hände diese Pflanze heben,
> So findest du (durch sie) ein neues Leben![34]

Es handelt sich nicht um eine physische Pflanze, sondern um ein reines Wunderkraut, das wohl einmalig verjüngt und auf dem Meeresgrund dicht am Gestade von Utnapishtims Elysium wächst. Es ist ein Wunderding gleich dem heiligen Gral oder der blauen Blume der Romantik. Wer von ihr isst, wird als Greis wieder zum Jüngling. Auf der Rückfahrt, bei der Überquerung des Meers, taucht Gilgamesch nach der Pflanze, nach Art der persischen Perlentaucher; er findet sie tatsächlich und bringt sie nach oben. Aber – welch unbeschreibliche Tragik – in einem Moment der Unachtsamkeit kommt plötzlich eine Schlange herbei, frisst das Wunderkraut und verjüngt sich sofort, indem sie die alte Haut abwirft. Nun sind alle Hoffnungen auf Unsterblichkeit dahin!

Die Schlange, die das Lebenskraut besitzt, ist ein zutiefst symbolisches Bild, dem Mythenschatz der orientalischen Völker entsprungen. In ägyptischen, akkadischen und arabischen Märchen wird dieses Motiv aufgegriffen. Der Originaltext des Märchens findet sich in einem ägyptischen Papyrus, der um 2000 v. Chr. datiert. Ein Seefahrer wird nach erlittenem Schiffbruch auf die wundersame *Insel des Ka* verschlagen: „Drei Tage und drei Nächte lang sinkt der Schiffbrüchige im Schatten eines Baumes erschöpft in einen tiefen Schlaf. Nachdem er aufgewacht ist und seinen Hunger gestillt hat, bringt er den Göttern ein Brandopfer dar. Plötzlich hört er ein *Krachen, das einem Donner gleicht*, und mit einem Mal bewegen sich die Bäume und die Erde erbebt. Erschrocken bemerkt er, dass sich ihm *eine riesige Schlange* nähert. Sie ist etwa sechzehn Meter lang, ihr Bart (der ihre göttliche Abstammung verrät) misst mehr als zwei Meter. (....) Das göttliche Tier nimmt den Mann in seine Höhle mit, und dieser erzählt ihm von seiner Irrfahrt. Die Schlange beruhigt ihn und prophezeit ihm, dass ihn in vier Monaten ein Schiff holen werde. Dann erzählt die Schlange dem Geretteten ihre eigene Geschichte. Ihre Familie (fünfundsiebzig Schlangen) wurde von einem Stern verbrannt, der vom Himmel herabfiel. Sie selbst ist die einzige Überlebende dieses Massakers. Als der Mann verspricht, ihr wertvolle Opfergaben darzubringen, lacht sie ihn aus, da sie selbst *über die Pflanze des ewigen Lebens verfügt*. Sie kündigt ihm auch an, dass nach seinem Weggehen die Insel für immer in den Fluten verschwinden wird."[35]

Könnte man die Schlangen-Episode im Gilgamesch-Epos so deuten, dass das Wunderkraut des ewigen Lebens eigentlich der Schlange gehört, die sich das Geraubte nur wieder zurücknimmt? Die Schlange wäre sodann die göttliche Schlange der Weisheit, die um das Geheimnis der Unsterblichkeit weiß, symbolisiert durch ihre mehrmalige Häutung, die eine Art „Stirb und Werde" darstellt. Überdies gehört die weise Schlange als Symbol- und Kulttier der Großen Muttergöttin an, der Gilgamesch – der erste Überwinder des Matri-

archats – durch sein ganzes Tun den Krieg erklärt hat. War es eine
späte Rache der Großen Göttin, dass sie durch ihre geheiligte
Schlange das Lebenskraut entwenden ließ? Missgönnte sie dem
patriarchalischen Königshelden Gilgamesch das ewige Leben?

So endet das Epos tragisch: erfolglos, gescheitert, unverrichteter
Dinge kehrt der Held in seine umwallte Königsstadt Uruk zurück,
deren monumentale Mauern er als sein eigentliches, selbst den Tod
überdauerndes Lebenswerk erkennt. Aber in der zwölften Tafel des
Epos, vermutlich nachträglich angehängt, wendet sich Gilgamesch
nunmehr unmittelbar dem Totenreich zu. Er unternimmt eine Toten-
beschwörung, um Enkidus Geist aus den Tiefen des Hades herauf-
zurufen. Die ganz ähnliche Beschwörung der Toten durch Odysseus
im XI. Gesang der *Odyssee* und die Herbeirufung des gestorbenen
Samuel durch Saul mit Hilfe der Hexe von Endor (1. Samuel, 28)
lässt erkennen, dass solche nekromantischen Praktiken in den alten
Weltkulturen durchaus gängig waren. Nun aber erscheint Enkidu
(„Alsbald entstieg Enkidus Totengeist dem Hades, einem Windhauch gleich"), und Gilgamesch fragt ihn nach der Ordnung der Unterwelt; aber Enkidu will nicht antworten. Zu schrecklich zu furchter-
regend ist die Realität der Totenwelt:

> 'Ich sag' sie Freund, dir nicht, kann sie nicht sagen;
> Du würdest niedersinken, würdest weinen!'[36]

Homers Odyssee – ein
Einweihungsweg

Wie alle großen Dichtungen der Menschheit – das *Ramayana* und *Mahabharata*, das *Gilgamesch*-Epos, Dantes *Göttliche Komödie*, Wolfram von Eschenbachs *Parzival* oder Goethes Faustdichtung – ist auch Homers *Ilias und Odyssee* die allegorische Darstellung einer tieferliegenden esoterischen Wahrheit, die vom Ursprung, Weg und Ziel der menschlichen Seele handelt. Hier wird exemplarisch der Seelenweg des Menschen aufgezeigt, mit all seinen Prüfungen und Fährnissen, ein Einweihungsweg letzten Endes, der jedoch einen Bestandteil des großen Weltprozesses bildet. Der Weltprozess als Ganzes ist ein in sich geschlossener Kreis – aus dem Göttlichen treten alle endlichen Dinge ins Sein; und in den Schoß des Göttlichen werden sie dereinst wieder einmünden: was dazwischen liegt, ist Geschichte, die Geschichte der menschlichen Seele. Ganz richtig sagt der Philosoph F. J. W. Schelling: „Die Geschichte ist ein Epos, im Geiste Gottes gedichtet; seine zwei Hauptpartien sind: die, welche den Ausgang der Menschheit von ihrem Centro bis zur höchsten Entfernung von ihm darstellt, die andere, welche die Rückkehr. Jene Seite ist gleichsam die Ilias, diese die Odyssee der Geschichte. In jener war die Richtung centrifugal, in dieser wird sie centripedal."[37]

Damit ist der esoterische Schlüssel an die Hand gegeben, der die Deutung der Ilias und Odyssee ermöglicht. Die *Ilias* – der Kampf um Troja – schildert in farbigen mythischen Bildern den *Weg der Involution*: den Weg des Menschengeistes in die Materie hinein, den Weg der Verkörperung, Verstofflichung, zugleich auch die zunehmende Entfernung vom göttlichen Zentrum; und die *Odyssee* – die Heimfahrt der vor Troja Kämpfenden, zurück nach Ithaka – markiert den *Weg der Evolution*, den Weg des Aufstiegs, der Vergeistigung, der Einweihung, der Rückkehr zum göttlichen Ursprung. Ilias und Odyssee verhalten sich zueinander wie Involution und Evolution. Sie bilden die zwei zusammenhängenden Teile des göttlichen Dramas, das nichts anderes ist als der Weltprozess selbst. In den folgenden Ausführungen möchte ich versuchen, anhand dieses esoterischen Schlüssels die Odyssee als Einweihungsweg darzustellen.

Der Kampf um Troja bildet das Vorspiel der Erzählung. Der Kampf um Troja – das ist, esoterisch gesehen, nichts anderes als der Kampf um die Leibwerdung, Menschwerdung, Erdenwerdung; denn *Troja* ist ein Symbol für die *physische Welt* überhaupt. In Nordeuropa gibt es labyrinthische Steinsetzungen, die „Trojaburgen" heißen – das Labyrinth also, mit seinen nach innen gedrehten Spirallinien, als Sinnbild für den Prozess der Involution. Die physische Welt gleicht in der Tat einem Labyrinth; man kann sich selbst verlieren auf dem Gang immer tiefer hinein in die Materie. Die Kriegerschar, die aus ihren heimatlichen Gefilden aufbricht, um das ferne Troja zu erobern, ist die Schar der jungfräulichen Seelen, der nichtinkarnierten Monaden, der göttlichen Geistfunken; und diese Schar verlässt ihre Heimat – die geistig-göttliche Welt –, um die physische Welt für sich zu erobern, die trojagleich wie eine von Schutzwällen umringte Burg dasteht. Diese Burg gilt es zu erobern; allein mit Gewalt gelingt dies nicht: die Achäer sehen, dass sie nur in das Innere der Trojaburg gelangen, wenn sie sich in das Innere eines hölzernen Pferdes begeben. Dies berühmte *Trojanische Pferd* ist ein Sinnbild für den *physischen Körper*. Die göttlichen Geistfunken erkennen, dass sie nur in die Welt hineinkommen, wenn sie physische Körper annehmen.

Hiervon, vom Weg der Verkörperung, Verstofflichung, Verweltlichung berichtet das Homerische Heldenepos Ilias – der „Kampf um Troja". Auf die Involution folgt jedoch die Evolution; und dieser Evolutionsweg ist die Odyssee. Die Insel *Ithaka*, zu der Odysseus mit seinen Gefährten in 10jähriger Irrfahrt zurückzukehren trachtet, liegt nicht innerhalb der physischen Welt; sie ist vielmehr eine rein symbolische Insel, die sich oben in der geistig-göttlichen Welt befindet, in jenen lichten Reichen der Götterwelt, wo die menschlichen Geistfunken ihren Lauf durch die Welt einst angetreten haben. *Odysseus* selbst ist ein Symbol für das *inkarnierte Ego*, d. h. für den in der Verstofflichung befindlichen Menschen, auf dem Weg der Evolution.

Penelope, die treue Gattin des Odysseus, die nicht aufhört, auf seine Heimkehr zu warten – sie ist die *Dualseele* des Odysseus, seine spirituelle Schwesterseele, die oben in der Geistigen Welt weilt, dieweil ihr männlicher Widerpart den Weg durch die Welten der Stofflichkeit durchschreitet. Die Heimkehr zum Ursprung ist immer auch Wiedervereinigung mit der Dualseele, das Zusammenschmelzen der Zwei, die ursprünglich Eins waren. Die Vereinigung des Odysseus mit der Penelope steht darum am Ende des großen Weltenweges der Odyssee.

> Sage mir, Muse, die Taten des vielgewanderten Mannes,
> Welcher so weit geirrt, nach der heiligen Troja Zerstörung,
> Vieler Menschen Städte gesehn und Sitte gelernt hat
> Und auf dem Meere so viel' unnennbare Leiden erduldet,
> Seine Seele zu retten und seiner Freunde Zurückkunft.[38]

Mit diesen berühmten Worten beginnt die Odyssee. Wenn wir diesen Hexameter-Epos Homers in 24 Gesängen näher betrachten, so sehen wir in Gesang 1 – 4 die Welt Ithakas als äußerst bedroht: Penelope nämlich, der in der Geistigen Welt verbliebene weibliche Teil des Odysseus, wird von Freiern bedroht, die als ungebetene Gäste in ihr Haus gekommen sind, und dort auf ihre Kosten leben; die *Freier* sind die *Kräfte des niederen Ego*, triebhafte Gelüste, die den göttlichen Wesenskern zu korrumpieren versuchen. Doch Penelope bleibt standhaft; sie weiß sich der Freier zu erwehren. Odysseus' Sohn *Telemach* – eine jungfräuliche, nicht-inkarnierte Seele –, zum Widerstand herangewachsen, verlässt erstmals Ithaka: er reist nach Pylos-Sparta, um den Spuren des Vaters nachzuforschen, sieht sich aber auf der Rückfahrt von Mord bedroht. Solch dramatischer Auftakt geht der Heimfahrt des Odysseus voran.

Die Heimfahrt selbst vollzieht sich in zwei Etappen. Der von der Nymphe *Kalypso* gefangene Odysseus – er befindet sich in der *Astralwelt*, im Banne des Elementarwesens Kalypso –, von Hermes erweckt und befreit, wagt sich in einem Floß auf's offene Meer hinaus, gerät in einen Sturm, bis er schließlich an der Insel der Phäaken strandet. Es ist das *astrale Meer der Leidenschaften*, auf dem Odysseus fährt; er ist dem zauberischen Banne der Elementarwelten zwar entkommen, muss nun aber den Wogen seiner eigenen Gefühlswelt trotzen. Der Sturm auf dem astralen Urmeer stellt ohne Zweifel eine Prüfung dar, wie sie viele Adepten zu bestehen haben, aber mit Hilfe der Göttin Leukothea wird Odysseus errettet und kann das sichere Ufer der Geistigen Welt – die Phäakeninsel – erreichen. Die Phäaken sind Geistwesenheiten auf einer hohen Entwicklungsstufe. Die Gesänge 6 – 12 umfassen den Aufenthalt auf der Phäakeninsel; hier berichtet Odysseus seinen Gastgebern von seinen Irrfahrten, von der furchtbaren Kyklopengefahr, von dem Verrat der Gefährten, welche die Winde losgelassen, vom Kirke-Erlebnis, wo die Gefährten in Schweine verwandelt werden – ein Rückfall in die Tierseelenhaftigkeit –, dann die von Kirke auferlegte Hadesfahrt (ein Gang in die Unterwelt, wie alle Eingeweihten ihn vollbringen mussten), das Abenteuer bei Skylla und Charybdis und zuletzt der Raub der Helios-Rinder. Bei alledem handelt es sich um innere Erlebnisse, *Stationen auf dem Geistigen Weg.*

Der dritte und letzte Teil der Gesänge 13 – 24 führt Odysseus als Bettler in Ithaka ein. Der Blick auf das Gesamtgefüge gewährt eine in sich überzeugende Einheit, gegliedert in drei Teilen: der gefährdete Sohn, die bedrohte Gattin vorweg; dann das große Mittelstück um Odysseus den Weltenfahrer: sein Selbstbericht über die überstandenen Gefahren mit der Hadesfahrt im Zentrum; zuletzt der Kampf von Vater und Sohn vereint gegen die Freier zur Befreiung Penelopes. Was die Inhaltsnachzeichnung noch außer Acht lässt, ist die das Ganze durchwirkende, alle drei Teile vereinende Schutzengel-Allmacht der Göttin *Pallas-Athene*, die in immer anderen Verwandlungen den Weltenwanderer auch in tiefsten Seelennöten aufrichtet, ihn seines angeborenen Heldentums bewusst macht, und zwar inniger, seelenvoller, als sich in der Ilias das Götterwirken zeigt. Pallas Athene ist esoterisch gesehen das *höhere Selbst* des Odysseus, sein persönlicher Schutzgeist, Begleiter auf dem Lebenspfad und Ratgeber in allen Notlagen; sie wehrt auch den allwärts vom Meer hereindringenden Zorn des Gottes Poseidon ab.

Poseidon, der Gebieter über jenes Astral-Urmeer, das Odysseus befährt, ist einer der in der Astralebene weilenden Elementargötter, die den Aufstieg des menschlichen Ego zu den Höhen des Geistes nach Kräften verhindern wollen.

Wir wollen die Weltenfahrt des Odysseus nun näher betrachten. Homer hat den Weg seines Heroen mit erstaunlich exakten Imaginationen geschildert. Dieser vollzieht sich in 12 Etappen: es sind symbolisch-allegorisch 12 Inseln, die Odysseus mit seinen Gefährten anlaufen muss, um dort Abenteuer und Gefahren zu überstehen: 12 Stationen auf dem Weg der Einweihung, der Evolution. Dieser zwölfgegliederte Weg – ein Weg von der Materie zum Geist – durchquert alle Zwischenebenen, die das Reich der Materie von den urbildlichen Geistes-Reichen trennen. Ithaka liegt auf der Ebene, der die menschlichen Geistfunken ursprünglich entstammen.

Die erste Station auf der Heimfahrt ist *Ismaros*, die Insel der Kikonen. Die *Kikonen* waren ein thrakischer Stamm, der im Trojanischen Krieg mit den Trojanern verbündet war. Odysseus nimmt die Hauptstadt mit Gewalt, kann aber nicht verhindern, dass seine Gefährten die Stadt plündern – die Strafe folgt auf dem Fuß, indem die Kikonen heftig zurückschlagen und einen Teil der Besatzung der Schiffe töten. Von den Ufergestaden der Kikonen wird des Odysseus Flotte auf das offene Meer getrieben; es kommt ein Sturm auf, und nach 9 Tagen Irrfahrt werden die Schiffe von der Südspitze der Peloponnes quer über das lybische Meer zur Insel der *Lotophagen* verschlagen.

Hier lebt ein Volk, das sich wie die Urmenschen im Paradies ausschließlich von Pflanzensäften ernährt: die *Lotosesser*. Diese Menschen, Zurückgebliebene auf dem Pfad der Evolution, leben noch ganz im Vegetativ-Pflanzenhaften; niemand kann hier der süßen Lotosfrucht widerstehen, die eine Trübung des Erinnerungsvermögens, ein völliges Vergessen alles Vergangenen bewirkt. Die Insel der Lotophagen heißt *Meninx*. Hier wird erstmals eine übersinnliche Ebene betreten: lag die Insel der Kikonen noch auf der physischen Ebene, so befindet sich die der Lotophagen in der Region des chemischen Äthers, des Vermittlers der Assimilation und

Ausscheidung. Die Lotophagen sind ein degenerierter Menschenstamm, der sich bewusstseinsmäßig ganz zum Pflanzenhaften zurückentwickelt hat; verhängnisvoll ist es, wenn die Gefährten des Odysseus von den verführerisch-süßen Lotosfrüchten kosten und dabei ihre Heimat Ithaka vergessen! Das ist eine Gefahr, die jedem Eingeweihten auf seiner Reise in die Geistige Welt droht: dass er sich, besonders auf den untersten Einweihungsstufen, ganz im Ätherischen verliert – durchaus eine Verführung! – und das eigentliche Ziel der geistig-göttlichen Welt dabei völlig vergisst! Hier wird die Probe indes bestanden: Odysseus erzwingt die Weiterfahrt, obwohl die Gefährten bleiben wollen.

Der Verführungsgefahr der Lotospflanzen sind die Gefährten glücklich entkommen – aber die furchtbarste Prüfung steht ihnen noch bevor: das Abenteuer auf *Thoosa*, der *Kyklopeninsel*. Auch die Kyklopen sind in der Entwicklung Zurückgebliebene, nämlich Lemurier, d. h. Angehörige einer früheren, längst ausgestorbenen Wurzel-Menschheit, die noch das Stirnauge besaßen. Die *Geheimlehre* von H. P. Blavatsky nennt die „einäugigen Cyklopen" die „letzten drei Unterrassen der Lemurier"[39], die zwar mit Hilfe ihres Kreisauges die übersinnlichen Welten auf eine mehr unbewusst-instinktive Weise wahrnehmen konnten, dabei aber doch ganz primitive, eher tier- als menschenhafte Wesen darstellten: ein vorzeitliches Riesengeschlecht. Die Kyklopen leben asozial – in Einzelfamilien und ohne Ackerbau; sie hausen „auf den Häuptern der Berge" in voreiszeitlichen Höhlen: von einem Meer geschaffen, dem erst ein kleiner Teil der festen Erde entrungen war. Odysseus gehört jedoch „dem Kreise der Heroen der Vierten Rasse an"[40], also den Atlantiern als den gegenüber den Lemuriern evolutionär Fortgeschritteneren. Deshalb ist der Sieg des Odysseus über die Kyklopen unvermeidlich.

Also steuerten wir mit trauriger Seele von dannen.
Und zum Lande der wilden, gesetzlosen Kyklopen
Kamen wir jetzt, der Riesen, die, auf die Götter vertrauend,
Nimmer pflanzen noch sä'n und nimmer die Erde beackern.
Ohne Samen und Pfleg' entkeimen alle Gewächse,

Weizen und Gerste dem Boden und edle Reben, die tragen
Wein in schweren Trauben, und Gottes Regen ernährt ihn.
Dort ist weder Gesetz noch öffentliche Versammlung,
Sondern sie wohnen all' auf den Häuptern hoher Gebirge
Rings in gewölbten Grotten, und jeder richtet nach Willkür
Seine Kinder und Weiber und kümmert sich nicht um den andern.[41]

So also leben die Kyklopen: Höhlenbewohner, Jäger und Samm-
ler, Ziegen- und Schafhirten, zuweilen gar Menschenfresser. Aber
der eine, mit dem Odysseus und die Seinen es zu tun haben werden
– der berüchtigte *Polyphem* – ist nicht einfach ein von der Mensch-
heitsentwicklung ausgenommener Rest alter Erdperioden. Dieser
Polyphem gilt selbst unter den Kyklopen als ein gefährlicher Außen-
seiter; er wird geschildert als „ein Mann von Riesengröße, der einsam stets auf entlegene Weiden sie trieb [die Ziegen und Schafe]
und nimmer mit andern umging, sondern für sich auf arge Tücke
bedacht war" (IX 186-188). Ein Sohn des Poseidon und der Meer-
nymphe Thoosa, ist Polyphem ein Kind des chaotischen Urmeers;
vergebens liebte er die Nereustochter Galathea, die milchig-zarte,
und blieb so einsam, unberechenbar, selbst von den Stammesge-
nossen gemieden, er glich „dem waldigen Gipfel hohen Felsgebirgs,
der einsam vor allen emporragt" (IX 191).

Das chaotische Erbteil Polyphems zeigt sich auch darin, dass er
Menschenfleisch nicht verabscheut; er ist auf der Stufe des Kanni-
balismus stehengeblieben. Odysseus und seinen Gefährten, die in
seine Höhle eingedrungen sind, gewährt er kein Gastrecht, sondern
er zieht es vor, sie nach und nach zu verspeisen; dabei kümmert ihn
weder Recht noch Gesetz. Auch Zeus und die Götter achtet er nicht,
ja er kennt sie nicht einmal, denn sie sind ja die neuen Götter der
fortgeschrittenen Atlantier, nicht mehr die alten der Lemurier. Daher:
„Wir Kyklopen kümmern uns nicht um den Ägiserschütterer, noch um
die seligen Götter, denn wir sind besser als jene!" (IX 275). Wir
wissen, dass es Odysseus gelang, Polyphem trunken zu machen
(mit Hilfe des Weines, den er bei den Kikonen erbeutete), und ihn
seines einziges Auges zu berauben; indem sie sich an der Untersei-

te der Schafe und Böcke festbanden, entkamen die unfreiwilligen Gäste der Höhle des Kyklopen. Auf die evolutionäre, bewusstseins-geschichtliche Bedeutung dieses Sieges eines entwickelten Intellektes über die blinde Naturgewalt verweist nochmals die *Geheimlehre*:

„Die Allegorie vom Ulysses, dessen Gefährten verschlungen wurden, während der König von Ithaka selbst dadurch gerettet wurde, dass er das Auge des Polyphem durch einen Feuerbrand austilgte, ist auf die psycho-physiologische Verkümmerung des 'dritten Auges' begründet. Ulysses gehört dem Kreise der Heroen der Vierten Rasse an, und muss, obgleich ein 'Weiser' in den Augen der letzteren, doch nach der Ansicht der pastoralen Cyklopen ein Ruchloser gewesen sein. Sein Abenteuer mit dem Cyklopen – einem wilden Riesengeschlechte, dem Gegensatze der gebildeten Gesittung der *Odyssee* ist ein allegorischer Bericht von dem allmählichen Übergange der cyklopischen Zivilisation des Steins und der Kolossalbauten zu der mehr sinnlichen und körperlichen Kultur der Atlantier, welcher schließlich den Rest der Dritten Rasse ihr alles durchdringendes *geistiges* Auge verlieren ließ."[42] – Mit dem Stirnauge vermochten die alten Lemurier die Geistige Welt wahrzunehmen, aber auf eine ganz unbewusst-instinktive Weise; der Verlust ihres „Dritten Auges" war eine evolutionäre Notwendigkeit, da sich die Lemurier auf dem Pfade der Involution befanden. Auf ihrem Weg in die Materie hinein, und zwar mit zunehmender Bewusstwerdung ihrer selbst, musste das geistige Auge durch die sinnlichen Wahrnehmungsorgane ersetzt werden.

Poseidon hat nun dreifachen Grund zu besonderer Strenge gegenüber Odysseus: einmal die gegen jeden besonders Begabten, Auserwählten; dann wegen seines Einbruchs in ein zwar atavistisches, aber doch in sich ruhendes Bewusstsein, das so Gelegenheit zum Morden und Menschenfressen erhielt; und schließlich wegen Verhöhnung der Schöpferkraft des Poseidon durch Besiegung seines eingeborenen Sohnes. Das Gebet des Polyphem, Odysseus möge – wenn es ihm bestimmt ist – möglichst spät, und selbst dann in eine gefährdete Heimat zurückkehren, wird in Erfüllung gehen.

Die nächste Probe steht Odysseus und den Seinen bevor – die

auf der Insel *Aiolia*. War er beim Kyklopenvolk mit der Untergrenze der Menschheit in Kontakt gekommen, so wird er nun, in deutlichem Kontrast zum Vorhergehenden, an eine der Obergrenzen getrieben. Denn auf der Insel Aiolia, der Schwimmenden, der Schillernd-Beweglichen, regiert König *Aiolos* mit seinen 12 Kindern, ein „Freund der Götter". Er ist auch zum „Wächter der Winde" eingesetzt. Wer sonst hätte die Heimfahrt des Odysseus günstiger beeinflussen können als dieser hochentwickelte Mann, ein echter Eingeweihter, der die heimatlosen Seefahrer gastfreundlich in sein Haus aufnimmt und einen Monat lang bewirtet? Aiolia ist offensichtlich keine physisch-reale Insel, sondern ein rein symbolischer und geistiger Ort; die undurchdringlich hohen Mauern, die das Eiland umgeben, sprechen dafür. König Aiolos ist symbolisch das *Ich* des Menschen, seine 12 Söhne und Töchter *die 12 Sinne*. Dass er zum Wächter der Winde bestellt ist, bedeutet: er ist Herr über seine Wünsche und Leidenschaften, über seine inneren Stürme. In dem Moment, da Odysseus heimwärts aufbrechen will, kann ihm Aiolos alle „widrigen Winde", in einen Sack aus dem Fell eines 9jährigen Stieres zusammengebündelt und mit einer silbernen Schnur verschlossen, übergeben.

Diesen Sack mit den gefangenen Winden nimmt Odysseus mit auf die Reise. Sie fahren zunächst mit günstigem Westwind, nach 9 Tagen Fahrt kommen bei Nacht die Leuchtfeuer von Ithaka in Sicht. Odysseus saß alle 9 Tage und Nächte lang wachend am Steuer – nun aber, dicht vor den Küsten Ithakas, als er einschläft, wollen die unbeaufsichtigten Gefährten das Geschenk des Aiolos sehen, öffnen den Ledersack: wutentbrannt brausen die Stürme auf, triumphierend über ihre Freilassung, und schlagen die Schiffe wieder nach Aiolia zurück. In diesem Moment höchster Verzweiflung erwägt Odysseus für einen Augenblick, allem ein Ende zu machen und sich in die Fluten zu stürzen. König Aiolos kann nun nicht mehr helfen; er schickt die Gestrandeten wieder aufs offene Meer hinaus, da sie den Zorn der Götter auf sich luden.

Ein weiteres Abenteuer steht den Reisenden bevor, nicht weniger haarsträubend als das auf der Kykloveninsel. Nach sechs Tagen und Nächten Fahrt erreichen sie am siebenten Tage die Gestade der *Lästrigonen*. Der Name der Insel und ihres Hafens ist bezeichnend. Die Insel heißt Lamos, der „Schlund", der Anlegeplatz Telepylos, „der letzte Hafen" – ein Verweis, dass es sich auch hier um einen symbolischen Ort handelt, um eine nicht reale, sondern mythische Geographie. Die Lästrigonen sind ebenso wie die Kyklopen in der Entwicklung Zurückgebliebene; ihr Name bedeutet „Schlacke, Abfall, Restbestand". *Nomen est omen!* Odysseus kann es nicht verhindern, dass die ganze Flotte bis auf sein eigenes Schiff in den totenstillen Hafen einläuft, der – eine Falle, fürwahr! – von zwei drehbaren Felsen verschlossen werden kann. Er schickt Kundschafter ins Landesinnere; diese gelangen in die Burg der Lästrigonen, treffen dort ihren König Antiphates und ihre Königin an – menschenfressende Riesen!

Durch herabgeschleuderte Felsmassen wird die Flotte gänzlich vernichtet; nur Odysseus entkommt mit seinem Schiff. So geht das Gebet des Polyphem auf schauerliche Weise in Erfüllung. Odysseus kennt nun die ganze Spanne des Menschlichen, soweit es inkarniert ist, von den primitiv-pflanzenhaften Blütenessern, den Lotophagen, zu den Lemuriern; vom hochentwickelten „Herrn der Winde" bis zu den gigantenhaften Menschenfressern. So muss auch der Eingeweihte die ganze Spanne des Menschlichen durchlaufen, vom Niedersten bis zum Höchsten, wobei ihm die Restschlacken abgelaufener Evolutionsperioden als besondere Hindernisse entgegentreten.

Als nächstes gelangt Odysseus zur Insel *Aiaie*. Sie wird die Insel des Sonnenaufgangs und der Reigentanzplatz der Eos genannt, nahe dem Okeanos. Hier wohnt *Kirke*, die Herrin der Werdekreise (*kirkos* – der in Spiralen aufsteigende Raubvogel). Sie gilt als eine Tochter des Helios, des Sonnengottes – eine Lichterfüllte, eine Wissende – und der Okeanide Perse, der zerstörerischen Welle. Ihr Bruder ist Aetes, der dunkle Magier von Kolchis; zusammen mit Medea zählt sie zu den bedeutendsten Zauberinnen der Antike! Die Odyssee nennt sie „eine hehre melodische Göttin" (X 136); denn sie ist keine Sterbliche, sondern eine zauberkräftige Nymphe, ein Naturgeistwesen, das mit magischer Gewalt über die Elementarkräfte gebietet. Hier sehen wir also den Gang des Eingeweihten ins Reich der Natur-Entelechien, der webenden Naturkräfte auf der Astralebene. Odysseus sendet nun einen Spähtrupp aus, um das Innere der Insel zu erkunden. Die Ausgesendeten gelangen bis zum Palast der Kirke, wo ihnen zahme Löwen und Wölfe begegnen, in Raubtiere verwandelte Menschen!

Auch des Odysseus Leute werden in Tiere verwandelt, in Wildschweine und Eber. Hier wird deutlich, welche Gefahren dem Eingeweihten auf seiner Reise durch die Astralsphären drohen: *Rückfall in die Tierseele durch schwarze Magie!* – Odysseus allein bricht auf, um die Gefährten zu befreien. Unterwegs begegnet ihm Hermes, eine leuchtende Göttergestalt, und überreicht ihm ein Gegenkraut, das ihn vor den Verwandlungskünsten der Kirke zu schützen vermag. Denn die Menschen jener Frühzeit, in der Odysseus noch lebte, Homer noch dichtete, waren von Göttern behütet, wie Kinder von ihren Eltern und Erziehern. Die allgegenwärtige Schutzmacht der Götter war noch nicht der autonomen Selbstbestimmung des Einzelnen gewichen. Odysseus hält sich ganz an den Rat des Hermes; und so vermag er Kirke zu zwingen, die Gefährten zurück zu verwandeln, die nun (nach einer für sie gewiss heilsamen Selbsterkenntnis) in jüngerer und schönerer Gestalt dastehen als zuvor. Wieder einmal erweist sich Odysseus gegenüber den Gefährten als der evolutionär Fortgeschrittenere, bewusstseinsmäßig Höherentwickelte. Waren es nicht die Gefährten, die sich bei der Plünderung der Kikonen-Insel nicht zu zügeln vermochten? Waren sie es nicht, die den süßen Lotosfrüchten bei den Lotophagen nicht widerstehen konnten? Die heimlich den Lederbeutel des Aiolos mit den gefangenen Winden öffneten? So nimmt Odysseus innerhalb seiner Gruppe die Rolle eines Pioniers ein, und zuzeiten auch die eines Retters aus höchster Not.

Als Odysseus nach einem Jahr der Belehrung durch Kirke abreisen will, fordert sie, die Kennerin der Werdekreise, von ihm den Gang zu den Verstorbenen als Vorbedingung für die Wiedervereinigung mit Penelope. Wie Faust zur Verbindung mit der Griechenseele Helena zuerst „zu den Müttern" herabsteigen muss, so geht Odysseus zu den entkörperten Heroen und Heroinnen seines eigenen Geschlechts. Er lernt, mit ihnen Zwiesprache zu halten; seine *polytropeia*, Vielgewandertheit, wird auch auf die Ebene der Mnemosyne – des Weltgedächtnisses oder der Akasha-Chronik – ausgedehnt. So kann er dem einzigen Entkörperten begegnen, der auch in der „Welt der Schatten" noch bewusst zu leben vermag, dem Seher Teiresias. Odysseus ist bei aller Hellsichtigkeit blind bezüglich des eigenen Weiterkommens; er muss den Seher befragen, wie er zurück nach Ithaka kommt, weil Teiresias als Entkörperter der Geistigen Welt näher steht als er selbst.

Der Gang in die Unterwelt – diese Forderung Kirkes wirft zunächst auch Odysseus um. Da es ihm aber Ernst mit der Heimfahrt ist, beginnt er sofort zu sinnen, wie denn der Weg dorthin zu finden sei. Aber die Göttin weiß, dass er, der es ernstlich will, keines Führers in die Jenseitswelt bedarf; dass er von allein, ohne eigenes Zutun, vom „Hauch des Nordwindes" in die andere Welt hinübergetragen werden wird. Die Fahrt zu den Wassern der Unterwelt wird von Kirke rein übersinnlich geschildert, ohne Beachtung irdischer Gegebenheiten; es ist eine Geistesfahrt von Eingeweihten:

> Edler Sohn des Laertes, erfindungsreicher Odysseus,
> Kümmre dich nicht so sehr um einen Führer des Schiffes!
> Sondern richte den Mast und spanne die schimmernden Segel;
> Setze dich dann, es trägt dich der Hauch des Nordes hinüber.
> Hast du dann mit dem Schiff den Okeanos aber durchsegelt,
> Wo an niedrem Gestad die Haine Persephoneias
> Stehen, von hohen Espen und fruchtabwerfenden Weiden,
> Lande dort mit dem Schiff an Okeanos' tiefem Gestrudel,
> Und dann gehe du ein ins modrige Haus des Hades.[43]

So wie Orpheus in die Unterwelt hinabstieg, um dort Eurydike – seine Dualseele – zu befreien, wie Gilgamesh in die Totenwelt ging um des gestorbenen Freundes Enkidu willen, wie schließlich Dante von seinem geistigen Führer Vergil durch die Jenseitsreiche geleitet wurde, so muss auch Odysseus diese entscheidende Probe aller Eingeweihten bestehen, den Gang in die Tiefen des Hades – ein in der abendländischen Literatur und Dichtung immer wiederkehrendes Motiv. Dass dieses Motiv keine bloß literarische Fiktion ist, sondern realem Einweihungs-Erleben entspringt, braucht hier nicht mehr eigens ausgeführt zu werden. Odysseus fährt mit seinem Schiff bis zu den Hainen der Persephone, wo die beiden Unterweltsflüsse Acheron (der Strom des Jammers) und Peryplegeton (der Flammenstrom) zusammenfließen; nur bis hierher braucht er zu gehen: denn dies ist die Grenze zur Totenwelt, bis zu der Persephone die Gestorbenen zu ihm heraufsendet.

Die Toten schwärmen herauf und umdrängen Odysseus mit ihren jenseitigen Wehruf: zuerst der Seher Teiresias, der ihm die Heimfahrt voller Gefahren prophezeit, dann des Odysseus inzwischen verstorbene Mutter, Antikleia; sodann die Heroinnen der Achäer, danach die gefallenen Helden des Kampfes um Troja, Agamemnon, Achill und Ajas; mit allen spricht Odysseus über die Grenze der Welten hinweg. Sie alle sind nur „Schatten", abgelegte Astralkörper; die eigentlichen Individualitäten sind schon längst in höhere Geistes-Ebenen des Himmels aufgestiegen. Diese Schatten leben „bewusstlos" im Hades; deshalb sagt Achill zu Odysseus:

Edler Sohn des Laertes, erfindungsreicher Odysseus!
Was an größeren Taten noch, Verwegener, wagst du?
Wie ertrugst du's, zum Hades zu kommen unter die Toten,
Wo sie bewusstlos leben, entschlafener Sterblicher Schatten?[44]

Nachdem die Helden von Troja gegangen waren, lässt Persephone den Odysseus noch tiefer in die Abgründe des Hades blicken: tief unten sieht er Minos, den Totenrichter mit seinem goldenen Stab; Orion, den riesengestaltigen Jäger, der immer noch auf den Auen der Unterwelt dem Wild nachstellt, das er einst auf den Bergen erlegt hat; dann Tityos, Tantalos und Sisyphos in ihren Qualen; zuletzt Herakles, den halbgöttlichen Übermenschen und Helden. Es ist aber auch nur das Schattenbild des Herakles; er selbst, sein *autos*, sein höheres Selbst befindet sich bereits „im Kreis der unsterblichen Götter" (XI 602), wo er die Zeustochter Hebe zur Gemahlin bekam.

Odysseus erblickt auf seiner Hadesfahrt also nur die niederen astralen Ebenen. Als tausende von Totengeistern ihn mit Gewimmel und Geschrei umgeben, ergreift ihn Entsetzen; zudem fürchtet er, dass ihm Persephone nun auch das schreckliche Gorgonenhaupt aus den Tiefen heraufsenden werde, und so bricht er die Jenseitsreise ab. Noch in derselben Nacht kehrt er wohlbehalten zur Insel der Kirke zurück.

Nun scheint der Heimfahrt nach Ithaka nichts mehr im Wege zu stehen. Aber weitere Proben stehen noch bevor, die Kirke dem Irrfahrenden prophezeit. Zunächst gilt es, den Lockungen des *Sirenengesanges* zu widerstehen. Der Sirenengesang ist die Kunst der lockenden Überredung, des Weglockens vom eigenen Lebenssinn; ihm zu verfallen bedeutet Tod – nicht bloß im physischen, sondern im geistigen Sinne. Denn die Sirenen sind dämonische Wesen, Unterweltsgeister: unter ihrem Gesang werden die Toten bei Persephone eingeführt und vergessen dabei den Sinn ihres Daseins. Ja, sie sind schreckliche, harpyenähnliche Wesen, die Sirenen, ursprünglich nur als schöne Mädchen, den Musen gleich, später aber als Frauen mit Vogelleibern dargestellt. Auf ihrer Insel *Anthemoessa*, d. h. die Blumenreiche, liegen überall die Skelette der von ihnen raubgierig verzehrten Menschen. Sie gelten gewöhnlich als die Töchter des Acheloos, dieses vornehmsten aller Flussgötter „mit den silbernen Wirbeln", und einer Muse; daher zeichnen sie sich durch ihre ungewöhnliche Gesangeskunst aus. So mancher Seefahrer geriet unrettbar in den Bann ihres süßen Gesanges; er steuerte die Klippen ihres Eilands an, wo die Sirenen über ihn herfielen und ihm das Blut aussaugten bzw. ihn fraßen. Nur die Argonauten entgingen, der Sage nach, dieser Gefahr.

Kirke hatte dem Odysseus angeraten, seinen Gefährten die Ohren mit Wachs zu verstopfen; auch hier ist es eine List, die aus der Gefahr rettet. Odysseus selbst ließ sich mit unverstopften Ohren an den Mast des Schiffes binden, sodass er den Lockruf dieser schrecklichen Meeresdämonen genau hören kann. Die nächste Aufgabe ist das Durchfahren der „irrenden Felsen", der *plagktai*, die sich entlang der der Flugstraße der Tauben aufbäumen, die Zeus

Ambrosia bringen. Zwei aberwitzige Ungeheuer bewachen diese enge Durchfahrt: *Skylla und Charybdis*. Skylla, die Tochter der Dunklen Göttin Hekate, besitzt den weitesten und menschennächsten Herrschaftsbereich. Ihr Vater war Phorkys, ein Bruder des Sirenenvaters Acheloos, ein Meergreis wie Nereus oder Proteus. Skylla bedeutet „junger Hund". Sie bellt mit ihren sechs Hundeköpfen wie eine ganze Meute. Sie hat ferner zwölf unterentwickelte Füße, sechs Köpfe auf langen Hälsen, Rachen mit je drei Reihen Zähnen, und sie verbirgt sich in einer Höhle der irrenden Felsen, um Reisenden aufzulauern. Die Zahlenangaben für die Gestalt der Skylla sind wieder ein Beispiel für ein Götterwirken im Chaos. Zwar Tochter der Hekate, somit also göttlicher Herkunft, wäre Skylla beinahe zu einer göttlich-menschlichen Organisation gelangt. Aber sie blieb beim Prozess der Individuation stecken – ihr physischer Leib blieb ein unterentwickelter Sechsling, der nicht richtig ausgetragen wurde und noch halb in einer von Meerwasser (Fruchtwasser) bespülten Höhle Schutz suchen muss.

Skylla gegenüber lauert Charybdis, in die Tiefe gebannt, eine Tochter der Gaia und des Poseidon. Dieses unterentwickelte Wesen ist nichts weiter als ein einziger, gigantischer Mund – ein Bild für den Meerschlund der Erde, tief unterirdisch, der rhythmisch Wasser einschluckt und ausspeit, zuweilen auch Wasser mit Feuer gemischt, ein unterseeischer Vulkan vielleicht. Esoterisch gesehen sind „Skylla und Charybdis" die „schmale Durchfahrt", die der Eingeweihte passieren muss, wenn er zur Geistigen Welt vorstößt; es ist ein enger Tunnel wie bei einem Geburtsakt. „Skylla und Charybdis" fungieren hier als „Schwellenwächter": wehe, wenn der Initiand nicht ganz in seiner eigenen Mitte wohnt, um zu beiden den rechten Abstand halten zu können! Odysseus befiehlt, knapp am Fels der Skylla vorbei zu segeln, um die Nähe der Charybdis zu vermeiden; aber entgegen dem Rat der Kirke hofft er, Skylla mit der Waffe wehren zu können und sagt den Gefährten nichts davon. Aber er sieht das Untier gar nicht in den *aerodeia petre*, den „wie Luft aussehenden Felsen", und verliert durch dessen schnellen Angriff sechs seiner besten Leute.

Hier sieht man es: bei der kleinsten Unachtsamkeit fordert der Schwellenhüter ein Opfer!

Die nächste große Probe steht der Mannschaft auf der Helios-Insel *Trinakria* bevor. Hier hütet der Sonnengott Helios seine geweihten Rinder, und zwar 7 Herden zu je 50 Stück, also insgesamt 350 an der Zahl, das ist die Zahl der Tage eines Mondjahres – ein alter astraler Mythos, den wir nicht kennen, liegt hier vielleicht zugrunde. Bewacht werden die Rinderherden von zwei Helios-Töchtern, Lampetia (die flackernd Leuchtende) und Phaetousa (die strahlend Leuchtende). Trinakria befindet sich nicht mehr auf der Astral-, sondern auf der Mental-Ebene; denn die Denkkraft untersteht der Sonne. Die Sonne ist Lichtspenderin; sie schenkt das Licht des Geistes. Auf Trinakria gilt es einer Versuchung zu widerstehen: denn es ist den Mannen des Odysseus streng untersagt, die heiligen Rinder des Helios zu töten und zu schlachten; dies wäre ein Frevel am Sonnengott, dem alles Sehenden, der als besonders verwerflich gilt und als Zeichen völliger Ehrfurchtslosigkeit.

Eines Tages nun nähert sich das Schiff mit den Leuten des Odysseus der Sonnen-Insel Trinakria. Sie landen auf Trinakria gegen des Odysseus Willen. Er lässt die Gefährten schwören, kein Vieh zu berühren, aber er spürt, dass „ein Dämon Böses vorbereitet", denn die Gefährten besitzen noch nicht die spirituelle Reife des Odysseus, der innerhalb seiner Gruppe der Pionier eines höheren, fortgeschritteneren Bewusstseins ist. Und so kommt es, wie es kommen muss: widrige Winde halten die Reisenden unnötig lange auf der Insel fest; die Vorräte gehen zur Neige, man ernährt sich schon von Jagd und Fischfang. Odysseus sucht sich einen abgelegenen Ort zum Gebet, aber die Götter „gossen Schlummer ihm in die Augen": er schläft in der Meditation ein. Er bestand die Probe, bei der es auf Wachsamkeit ankam, nicht. Und so gab es ein böses Erwachen: Eurylochos hatte inzwischen die Kameraden überredet, die Helios-Rinder zu schlachten und sich an ihnen gütlich zu tun; Lampetia meldet die Untat dem Helios; Zeus verspricht, das Schiff des Odysseus durch Blitzschlag zu versenken.

Und tatsächlich: die Strafe folgt auf dem Fuße. Kaum hatten sie die Insel verlassen, bricht ein Gewitter aus, der Mast zerbirst und erschlägt den Steuermann, der Blitz fährt in das Schiff und zerschmettert es. Die Gefährten treiben auf dem Meer wie Kormorane („Krähen der See") und ertrinken alle. Odysseus bindet Mast und Kiel zusammen und lässt sich vom Weststurm treiben. Der Wind springt aber auf Süd um und wirft ihn zurück zur Charybdis! Diese erreicht er bei Sonnenaufgang. Das Ungeheuer saugt gerade Wasser ein und verschluckt dabei das Floß; Odysseus aber ergreift einen in der Nähe wachsenden Feigenbaum, an dem er einen ganzen Tag lang hängt „wie eine Fledermaus", bis das Floß um die Nachtwache aus dem Schlund des Untiers wieder auftaucht. Darauf treibt er 10 Tage lang und erreicht schließlich die geheimnisvolle Insel *Ogygia*, wo ihn die Nymphe *Kalypso* in Pflege nimmt.

Kalypso, die „Verhüllte", eine Tochter des Titanen Atlas, der das Himmelsgewölbe stützt, erscheint hier als ein Wassergeist, eine Vertreterin der Natur-Entelechien, die wie viele Naturgeistwesen den heftigen Wunsch hat, einen sterblichen Menschen fest an sich zu binden. Die Insel der Kalypso heißt *Ogygia*, ein mythisches Eiland zweifelsohne, das als der „Nabel des Meeres", *omphalos thalasses*, bezeichnet wird, inmitten des Okeanos gelegen. Der Okeanos mit seinen wirbelnden Strudeln war bei den Griechen nicht etwa das Mittelmeer, sondern der große unbekannte Atlantische Ozean. Daher kann Ogygia weder bei Kreta liegen noch in der Nähe von Ithaka, wie zuweilen vermutet wird, sondern nur im zentralen Atlantik, möglicherweise im Gebiet der Azoren. Auch der Name „Nabel des Meeres" scheint auf diese zentrale Position hinzuweisen. Man könnte Ogygia als ein Restland der versunkenen Atlantis deuten. Auch esoterisch gesehen könnte „Ogygia" gleichbedeutend mit „Atlantis" sein: ein atlantischer Bewusstseinszustand, ein überkommener Rest alter atlantischer Götter- und Naturgeistermagie.

Kalypso gelang es, Odysseus sieben Jahre lang im Bann der Naturgeistwelten zu halten, bis sein Wille und seine Sehnsucht nach „Heimkehr" so gewachsen ist, dass die Götter eingreifen können, da zugleich „das Jahr seiner Befreiung erfüllt war". Geistereignisse sind bei Homer stets an Gebet und an Erfülltsein der karmischen Voraussetzungen gebunden. Und so erscheint Hermes, der leichtbeschwingte Götterbote, in der Grotte der Kalypso, und fordert sie auf, den „Dulder" Odysseus nun endlich freizugeben. Die Nymphe, um die überlegene Macht des Zeus wohl wissend, willigt ein. Und so lässt sie den Odysseus in dreieinhalb Tagen ein Floß bauen, gibt ihm Proviant und entlässt ihn auf seine letzte große Reise – einem unbekannten Ziel entgegen. Kalypsos genaue Fahrtanweisungen für die Reise zurück lauten: die Plejaden im Westen, den Bootes und den Großen Bären im Osten, alles auf dem Wendekreis des Krebses, den Orion zur Linken – es ist ganz eindeutig *eine Fahrt von West nach Ost im Frühling*.

Siebzehn Tage lang befuhr Odysseus mit seinem Floß die ungeheuren Gewässer; am achtzehnten erschien ihm – dunkel „wie ein Schild im Nebel des Meeres" – die Insel der Phäaken mit ihren fernen schattigen Bergen. Da schlug Poseidon noch einmal zu; er rief alle Orkane zusammen, wühlte mit seinem Dreizack das Meer auf, und dem düsteren Himmel entsank schwärzeste Nacht. Noch eine Prüfung für Odysseus, die letzte! Da, in höchster Not, erschien ihm als Retterin *Leukothea*, die „weiße Göttin", sein persönlicher Schutzengel. Sie rät ihm, die Gewänder der Kalypso abzulegen, die ihn nur hinderten, und dafür ihren Schleier anzulegen. Die Kleider der Kalypso – das ist der dichte, besonders schwere Astralkörper des tiernahen Zwischenreiches. Der Schleier der Leukothea ist das Gewand des höheren Selbst. Dies allein rettet Odysseus vor dem Untergang. Und so strandet er an den Gestaden der Insel der Phäaken.

Die Phäaken, die „stillen Lichter", stammen von *Hypereia*, d.h. Hyper-Gaia (wörtlich: Über-Erde), also von der Ebene des höheren Selbst; sie besitzen enge Verwandtschaft mit den Göttern. Sie leben in völliger Abgeschiedenheit: „geliebt von den Göttern" wohnen sie „abgesondert im wogenumrauschten Meere, / an dem Ende der Welt, und haben mit keinem Gemeinschaft" (XI 204-205). Im Gegensatz zu den Kyklopen stellen sie nicht eine untermenschliche, sondern eine übermenschliche Ebene dar. Sie sind Menschen auf dem Wege zu den Halbgöttern. Die Schiffe, mit denen die Phäaken reisen, sind Gedankenschiffe. Ihre Insel, *Scheria* genannt, keine physische Insel, sondern eine Geistesinsel, wird für Odysseus zur letzten Station vor seiner Heimkehr. Hier genießt er die ungeteilte Gastfreundschaft der Phäaken, die ihn reich beschenken und ihn in seine Heimat Ithaka zurückgeleiten. In tiefer Nacht wird aufgebrochen; Odysseus fällt in einen Schlummer, „unerwecklich und süß und fast dem Tode vergleichbar" (XIII 80), und nach der 3. Nachtwache erreichen sie die Ufer von Ithaka. Es ist die Heimkunft des Geistesmenschen in seine wahre göttliche Urheimat.

Die Goldenen Verse
des Pythagoras

Aus dem Umkreis des Pythagoreischen Ordens, der im 6. Jh. v. Chr. im unteritalienischen Kroton bestand, stammen die *Goldenen Verse des Pythagoras*, ein Lehrgedicht in hexametrischer Form, das vom rechten Lebenswandel und vom Aufstieg der Seele zur Region der Götter handelt. Die Grundprinzipien des Pythagoreischen Ordens in Süditalien waren die vegetarische Ernährung, einschließlich der Ablehnung blutiger Tieropfer, die völlige Gleichberechtigung von Mann und Frau, die Einübung in Gleichmut als höchste Seelentugend sowie die Einheit von Wissenschaft und Esoterik, wobei unter den Wissenschaften besonders die Mathematik, die Musik und die Astronomie gepflegt wurden. Über die Lehrinhalte des Ordens gibt es nur sehr spärliche Nachrichten, da der Orden keine Universität oder Akademie im modernen Sinne, sondern eine durch Eid gebundene Gemeinschaft verschwiegener Mysten war, die in strenger Disziplin das religiöse Hochziel der Erlösung verfolgten. Dennoch müssen einige Geheimlehren des Ordens an die Öffentlichkeit gedrungen sein. Porphyrios sagt, einem Bericht des Dikaiarchos folgend, über Pythagoras:

„Was er aber denen sagte, die bei ihm waren, kann niemand genau sagen, denn sie bewahrten ein ungewöhnlich strenges Schweigen. Am meisten bekannt bei allen wurde allerdings folgendes. In erster Linie sagte er, dass die Seele unsterblich sei. Zweitens, dass die Seelen den Ort wechseln, indem sie von einer Art Lebewesen in eine andere übergehen. Weiter, dass alles, was einmal geworden ist, von neuem in gewissen Kreisläufen wiederkehrt und nichts wirklich Neues ist und dass man alle beseelten Wesen miteinander verwandt nennen soll. Denn man sagt, dass Pythagoras diese Lehrmeinungen nach Hellas gebracht haben soll."[45] *Pythagoras von Samos* (570–472 v. Chr.), der legendäre Begründer des Ordens, hatte nach jahrelangen Reisen durch Phönizien, Ägypten und Mesopotamien die Weisheit dieser Völker in sich aufgenommen und daraus eine eigene Lehre geformt, die man als eine spirituelle Ost-West-Synthese betrachten kann.

Die Hauptlehren des von Pythagoras gegründeten Ordens waren also, dem obigen Zitat zufolge, die Einheit allen Seins und die Verwandtschaft aller Lebewesen miteinander, die Reinkarnation der Seele in vielen, aufeinanderfolgenden Körpern und schließlich die Entwicklung allen Daseins in großen makrokosmischen Zyklen. Vieles daran klingt indisch, östlich, aber auch ägyptische Priesterweisheit mag darin enthalten sein, war Pythagoras doch selbst in Theben zum Priester geweiht worden und hielt sich, der Legende zufolge, ganze 22 Jahre im Lande der Sphinx und der Pyramiden auf. Die *Goldenen Verse des Pythagoras* kann man auch als „Goldene Worte der Esoterik" betrachten. Sie erfreuten sich im späten Altertum, im Mittelalter und in der Neuzeit großer Beliebtheit; davon zeugen zahlreiche erhaltene Manuskripte, Druckausgaben, Übersetzungen und Kommentare. Auch Goethe hat diese Verse sehr geschätzt und in einem Brief an Charlotte von Stein (vom 8. September 1780) einige davon übersetzt.

Die *Goldenen Verse* stammen in der uns vorliegenden Form sicher nicht von Pythagoras selbst, sondern sind ein Werk neupythagoreischer Kreise: um 170 v. Chr. befand sich ein Exemplar der Verse in der Bibliothek von Alexandria, und der gelehrte Alexandriner Herakleides Lembos zitiert den Titel und die erste Zeile. Dennoch mag das Gedicht auch ältere Teile enthalten, die bis ins 4. Jh. v. Chr. zurückgehen, ja es gibt sogar die These, es gäbe eine ältere, in ionischem Dialekt geschriebene Urfassung, die von einer Tochter des Pythagoras, Arignote, unter dem Titel „Heilige Rede" komponiert wurde. Aber einerlei, in welche Zeit diese dem Pythagoras zugeschriebenen Sinnsprüche gehören – sie sind auf jeden Fall ganz im pythagoreischen Geiste gehalten; dabei blieben sie in der Verkündigung der Lebensethik noch ganz exoterisch und verwahren das eigentlich Esoterische sorgfältig hinter einem Schleier der Andeutungen, den wohl nur ein Jünger des Ordens gänzlich zu durchdringen vermochte. Hier der Beginn der *Goldenen Verse*:

Jünglinge, horcht ehrfürchtig und still auf Alles!
Ich will jetzt zu den Geweiheten reden!
Profanen schließet die Thüren allen zumal!
Du Sprößling des leuchtenden Monds und der Musen.
Sohn, Du höre! denn Wahres verkünd' ich,
Damit nicht des Busens früher gehegter Wahn
Dein liebes Leben verblende; trachte nach göttlicher
Einsicht vielmehr, sie fass' in das Auge, lenke
Nach ihr das verständige Herz und wandle
Auf ihrem Pfad recht, einzig den Blick
Auf den Herrscher des Weltalls gerichtet.[46]

Der esoterische Charakter der *Goldenen Verse* geht aus den oben zitierten Zeilen deutlich hervor; eine verschwiegene Mystengemeinschaft wird angesprochen, nicht die Masse der Profanen. Es ist eine Weisheit für die Wenigen, die gereift und geläutert genug sind, sie in sich aufzunehmen. Hält man sich an die Ermahnungen für ein gesundes, gemäßigtes Leben, wie sie im ersten Teil gegeben werden, so wird man zur *Gnosis* geführt, zum *Erkennen* des Bundes, der Götter und Menschen zusammenhält:

Nun schreite zur Tat und bete zu den Göttern,
sie zu vollenden.
Wenn du diese Lehren beherrschst, erkennst du
die Beziehung zwischen den unsterblichen Göttern
und den sterblichen Menschen:
wie ein jedes vergeht und Bestand hat.
Du wirst erkennen, soweit es dir zusteht,
dass die Natur in allem gleich ist,
So dass du nichts erhoffst, was man nicht hoffen kann,
und nichts dir verborgen bleibt.
Du wirst erkennen, dass die Menschen selbstgewählte
Leiden haben, die armen, die das Gute, das nahe ist,
nicht sehen und nicht hören; nur wenige wissen
eine Befreiung aus diesen Übeln.

Dieses Schicksal schwächt ihren Sinn.
Wie rollende Steine werden sie hierhin und dorthin
gestoßen, erleiden endloses Leid.
Denn ein verderblicher Begleiter, der Streit, schadet
ihnen unbemerkt und ist mit ihnen verwachsen.
Diesen darf man nicht antreiben:
Man muss ihm weichen und ihm entfliehen.
Vater Zeus, wahrhaftig! Alle würdest du
von vielen Übeln erlösen, wenn du allen zeigtest,
mit welchem Daimon sie leben!
Du aber sei guten Mutes, denn göttlich ist
das Geschlecht der Sterblichen,
und die Natur, die das Heilige offenbart,
zeigt ihnen alles. Wenn dir davon etwas
zuteil wird, wirst du das beherrschen,
was ich dir verordne. Du wirst deine Seele
heilen und aus diesen Übeln retten.
Aber halte dich fern von der Nahrung,
die wir in den „Reinigungen" und in der
„Erlösung der Seele" genannt haben.
Bedenke dies alles, wenn du wählst,
und stelle die beste Einsicht oben als
Wagenlenkerin hin.
Wenn du den Körper verlässt
Und in den freien Äther gelangst,
wirst du unsterblich sein:
ein unsterblicher Gott, nicht mehr sterblich.[47]

Die zentrale Aussage der *Goldenen Verse* besagt: „denn göttlich ist das Geschlecht der Sterblichen", und daran knüpft sich die Verheißung, dass der Erkennende nach Verlassen seines physischen Leibes selbst zu den Göttern gehören wird; er ist dann „ein unsterblicher Gott". Gottwerdung durch Erkenntnis also, das ist der Kern der pythagoreischen Geheimschulung; die Kenntnis der exoterischen Wissenschaften diente nur als Hinführung zum eigentlichen Ziel – zum Äther aufzusteigen und Unsterblichkeit zu erlangen.

Die Wesensverwandtschaft von Göttern und Menschen war den Griechen durchaus nicht fremd. „Götter und Menschen sind desselben Ursprungs", erklärte schon um 700 v. Chr. der Mythendichter Hesiod; und Kleanthes sagt, zu Zeus gewandt, in seinem berühmten Hymnus: „Wir sind deines Geschlechts". Diesen Gedanken griff der Apostel Paulus auf, als er den Athenern vom unbekannten Gott predigte: „Denn in ihm leben, weben und sind wir, wie auch einige der Dichter bei euch gesagt haben: Wir sind seines Geschlechts" (Apg. 17,28). Und Pindar von Theben sagt: „Ein Stamm: Menschen und Götter; von einer Art ja atmen wir, von einer Mutter wir beiden; doch Macht von ganz verschiedener Art trennt uns."[48]

Der Mensch also als ein den Göttern verwandtes, göttliches, himmlisches Wesen – das ist der Zentralgedanke jeglicher Esoterik, griechischer ebenso gut wie indischer, ägyptischer oder sonstiger Herkunft. Zwischen Menschen und Göttern besteht nur ein gradueller, kein prinzipieller Unterschied. Wir finden dieses transzendente Menschenbild in der Geisteskultur Griechenlands erstmals ausgedrückt in der *orphischen Theologie*, richtiger *Theosophie*, die – auf den legendären Sänger Orpheus zurückgehend – in vieler Hinsicht den Vorläufer des Pythagoreischen Ordens darstellte.

Auch die Orphiker vertraten die Ansicht, der Mensch stamme aus göttlichem Geschlecht und seine Seele sei ihrem Wesen nach göttlicher Natur. Die ältesten orphischen Texte sind Inschriften auf Goldplättchen, die man in Gräbern in Süditalien und auf Kreta gefunden hat Die Inschriften aus Petelia und Thurioi datieren aus dem 5. Jahrhundert v. Chr.; der Text ist eine Art Wegbeschreibung des Jenseits, das der orphische Myste zu bereisen hatte. Der Text gibt genaue Anweisungen, was in der Unterwelt zu tun sei:

> Im Haus des Hades findest einen Quell du rechter Hand,
> Es steht dort ein Zypressenbaum, ein weißer nahebei;
> Hier kühlen sich der Toten Seelen; komm' nicht nah'!
> Ein andres Wasser findest du, das fließt
> Von der Erinnrung See, es stehen Wächter dort,
> Die fragen dich mit klugem Geist, warum denn

Des unheilvollen Hades Dunkel du durchstreifst.
Dann sag': Ich bin der Erde und des Sternenhimmels Kind,
Der Himmel ist mein Ursprung; dieses wisst ihr selbst.
Von Durst bin ich ganz trocken und vergehe,
gebt mir rasch das kühle Wasser,
das von der Erinnrung See herniederfließt.'

Der Satz „*Der Himmel ist mein Ursprung*" ist hier der entscheidende; er stellt das gemeinsam Verbindende zwischen orphischer und pythagoreischer Esoterik dar. Zu diesem himmlischen Ursprung wieder zurückzukehren, befreit von den Schlacken irdischen Daseins, das das Ziel jeglicher Einweihung – leuchtend wie ein Stern in der Ferne, dem sich der Adept in mühevoller Arbeit an sich selbst entgegenläutert.

Dantes Göttliche Komödie
in geistiger Sicht

Italien hat das Glück gehabt, am Anfang seiner Nationalliteratur schon den größten aller Meister zu haben, der mit einem Schlage sein Vaterland aus der provinziellen Abhängigkeit zu Frankreich löste und es für die kommende Zeit der Renaissance zu maßgebendem Rang erhob – Dante Alighieri (1265–1321), den Verfasser der *Comoedia Divina*. Die *Göttliche Komödie* Dantes ist ein Weltereignis, eine Kulturtat von nicht bloß abendländischer, sondern menschheitlicher Bedeutung. Vor Dante war die Literatur des christlichen Abendlandes gewissermaßen unpersönlich, weil alles Persönliche aufging in der alles umfassenden kirchlich-mittelalterlichen Weltordnung; für das Persönliche blieb da ebenso wenig Raum wie in den starren, auf Goldgrund gemalten Fresken der byzantinischen Kunst, von der sich erst ein Giotto mühsam löste. Bei Dante wird nun erstmals der Kosmos im Prisma des Persönlichen widergespiegelt; er zeigt den Weltenweg eines Ich auf, stufenmäßig geordnet von den Kreisen der Hölle über den Läuterungsberg bis zu den Höhen des Paradieses, einen Einweihungsweg, wo auf jeder Stufe ein höheres Maß an persönlicher Durchgeistigung und Wandlung erreicht wird. Aber dieses Ich Dantes ist kein isoliertes Individuum, sondern ein universales Welten-Ich, überpersönlich, aber dabei doch alle Personalität einschließend. Das All wird persönlich, die Persönlichkeit allhaft erlebt und dargestellt. So steht Dante auf der Grenzscheide zwischen Mittelalter und Neuzeit. Sein Erzähler-Ich ist nicht mehr der allhafte Ordnungsmensch des Mittelalters und noch nicht die isolierte gottinnige Seele des Protestantismus.

Um diesen neuen Bewusstseinszustand, diese Spiegelung des Allhaften im Persönlichen auszudrücken, wählte Dante anstelle des starren, unpersönlichen Lateinischen, der üblichen Kirchensprache seiner Zeit, die biegsame elastische Volkssprache seines Vaterlandes, das *Volgare*, das noch kein Italienisch im heutigen Sinne, son-

dern eher ein gereinigter toskanischer Dialekt war. Nur die National-
sprache, so unvollkommen und unbeholfen im Ausdruck sie auch
sein mochte, konnte das neue Erwachen des Persönlichkeits-Be-
wusstseins angemessen ausdrücken. Im *Volgare* schrieb schon
Franz von Assisi seinen ergreifenden *Sonnengesang*, und ganz im
Süden Italiens, im sizilianischen Königreich Friedrichs II. (1194–
1250), entstand etwa zur gleichen Stunde ein Dichterkreis, der die
provencalische Lyrik ablöste und unmittelbar den Stil einer plötzlich
aufblühenden italienischen Frührenaissance-Poesie anregte. Mit
dem Sonett und der Kanzone wurden neue Formen geschaffen, um
innerseelisches Erleben auszudrücken, schon ganz persönlich und
individuell, herausgelöst aus der alten mittelalterlichen Ordnungsge-
bundenheit. Eine Entdeckung *des eigenen persönlichen Innenle-
bens* tat sich in diesen neuen dichterischen Formen kund. In der
Liebeslyrik des Francesco Petrarca (1304–1374) hat diese Sonett-
form ihren Höhepunkt und ihre Vollendung erreicht. Dante schrieb
auch ein erstes gelehrtes Werk in der Volkssprache, *Das Gastmahl*,
mit einigen Kanzonen darin und wissenschaftlichen Abhandlungen
dazu; außerdem einen lateinischen Traktat *Über die Volkssprache*,
das eine italienische Hochsprache fordert, unvollendet.

Seinen eigenen Urahn feierte er im *Paradiso*, den von Konrad
III. zum Ritter geschlagenen Cacciaguida aus Florenz, der 1147 auf
einem Kreuzzug fiel. Dantes Vorname ist eine Abkürzung von
„Durante"; der Nachname „Alighieri" erweist sich als eine italienische
Version des Sippennamens seiner Mutter, Aldiger, der für langobar-
disch erklärt wird. So trug Dante wohl auch ein nordisches, germani-
sches Erbe in sich, von seiner mütterlichen Linie her; ja einige wollen sogar ein altkeltisches oder etruskisches Erbe in ihm erkennen,
sogar im Gesichtsausdruck, der stets etwas Strenges, Maskenhaftes
zeigt. Allenthalben muss Dante ein wirklich europäischer Mensch
gewesen sein, in dem sich viele Kultureinflüsse, nordische und
romanische, ununterscheidbar miteinander vermischten. Dank dieser Herkunft und Veranlagung konnte Dante aus der Gesamtheit
des abendländischen Geistes schöpfen, aus dem klassisch-antiken
Bildungsgut, der Welt Homers und Vergils, aus der Ideenwelt des

christlichen Mittelalters, der Renaissance und darüber hinausgreifend aus den Gestaltungskräften der Zukunft, die alle in seinem dichterischen Hauptwerk, der *Göttlichen Komödie*, zusammenfließen konnten.

Incipit Comoedia Dantis Alighierii Florentini natione, non moribus („Es beginnt die Komödie des Dante Alighieri, ein Florentiner von Herkunft, nicht von Sitten") – so lautete der ursprüngliche Titel des Werkes, wie der Autor es dem Can Grande della Scala anzeigte. Die Bewunderung der Nachwelt erst pries das Werk als „göttlich": das Beiwort „divina" trägt erstmalig die Venezianer Ausgabe von 1555. Eine „Komödie" nannte Dante sein Hauptwerk nur deswegen, weil es schrecklich anfängt und gut endet, außerdem weil es in der Volkssprache und nicht im lateinischen Gewand erscheint. Dante soll übrigens schon einige Gesänge in lateinischen Hexametern abgefasst haben, aber seine dichterische Intuition siegte, als er sich dann doch für das lebendige Italienisch, das eigentlich ein gereinigtes Toskanisch war, entschieden hatte.

Genauso wenig wie das *Gilgamesch*-Epos, Homers *Odyssee* oder Goethes *Faust* ist die *Göttliche Komödie* ein bloß literarisches Phänomen oder ein reiner Mythos ohne tieferen Hintersinn; sie beruht auf realen übersinnlichen Erfahrungen des Dichters und enthält profunde Einsichten in die Wirklichkeit der Geistigen Welt. Der rein literarische Sinn, sozusagen der Buchstaben-Sinn des Textes, bleibt an der Oberfläche. Jenseits davon liegt ein ganzer Kosmos mystisch geschauter Wahrheit, die freilich nicht immer wörtlich zu nehmen ist. Dante selbst hat es in einem seiner Briefe einmal ausgedrückt, dass sein Werk eigentlich als mehrsinnig und mehrdimensional zu betrachten sei (*„polysensum, hoc est plurimum sensum"*); und dass es neben der wörtlichen Bedeutung noch eine zweite, mystische oder allegorische gebe. Im „zehnten Brief" sagt er:

„Zur Verdeutlichung dessen also, was wir sagen wollen, wisse man, dass dieses Werk nicht eine einfache Bedeutung hat, sondern dass man es polysemisch nennen könnte, d.h. von mehr als *einer* Bedeutung, denn die Bedeutung, die wir aus dem Buchstaben lesen, ist die eine, was wir aber an Bedeutung herauslesen aus dem, was die Buchstaben andeuten, ist eine andere. Die erste wird die buchstäbliche, die zweite die allegorische oder mystische Bedeutung genannt (sinnbildlich und geheim). Und diese Behandlungsweise kann man, damit sie deutlich werde, nachprüfen an dem Vers: ‚Da Israel aus Ägypten zog, das Haus Jakob aus dem fremden Volk, da ward Juda sein Heiligtum, Israel seine Herrschaft' (Psalm 114.1). Denn wenn wir nur von dem *Buchstaben* ausgehen, so berichten diese: den Auszug der Söhne Israels aus Ägypten zur Zeit Moses; wenn von der *Allegoria*, so gibt sie uns zu verstehen, ‚unsere Erlösung durch Christus'; wenn wir die *moralische* Bedeutung beachten: ‚die Bekehrung der Seele aus dem Schmerz und der Not der Sünde zum Zustand der Gnade'; und wenn wir den *anagogischen* Sinn herauslesen: ‚der Auszug der heiligen Seele aus der Sklaverei dieser Vergänglichkeit in die Freiheit der ewigen Herrlichkeit'. Und obschon jede dieser mystischen Bedeutungen ihren eigenen Namen hat, können sie doch allgemein ‚allegorisch' genannt werden, da sie sich unterscheiden vom buchstäblichen oder historischen Sinn."[49]

Damit hat uns Dante selbst den Schlüssel in die Hand gegeben, der uns in die Lage versetzt, die *Göttliche Komödie* auch in ihrer Tiefendimension zu deuten, nämlich in einem gleich vierfachen Sinne – in einer buchstäblichen, allegorischen, moralischen und zuletzt anagogischen Bedeutung. Hierbei gilt: Der Buchstabe lehrt die äußeren Geschehnisse; die Allegorie zeigt den Symbolgehalt auf; die Moral macht sichtbar, was getan werden soll; und die Anagogie gibt zu erkennen, was angestrebt werden soll – das Ziel allen geistigen Strebens. Indem der Verstehende also aufsteigt vom Buchstaben zur Allegorie, hat er den sinnlich-vergänglichen Aspekt des erzählten Geschehens bereits hinter sich gelassen, um einzutreten in die übersinnliche Wirklichkeit des anagogischen oder mystischen Aufstiegs. Die zweite, dritte und vierte Stufe werden zusammen als die mystische oder geheime Erklärung bezeichnet, da sie die Ebene der bloß buchstäblichen Sinnbedeutung überschreiten. Und es ist klar, dass eine Dichtung wie Dantes Hauptwerk einen tieferen Sinn haben muss als die äußeren Ereignisse, die geschildert werden – so kann eine Fahrt durch Hölle, Fegefeuer und Himmel keine wirkliche Reise gewesen sein, da diese drei Gebiete der sinnlich-vergänglichen Welt ja gar nicht angehören. Es sind vielmehr sowohl *symbolische* als auch *mystisch-reale* Orte.

Dantes *Göttliche Komödie* ist, anagogisch betrachtet, der Läuterungs- und Aufstiegsweg der gottfernen Seele, Stufe um Stufe aufwärts durch die Planetensphären, zu den Lichtgefilden der geistig-göttlichen Ursprungswelt. Sie ist also die Darstellung des Einweihungsweges, exemplarisch aufgezeigt am Beispiel Dantes, dessen Ich jedoch stellvertretend steht für das Menschen-Ich überhaupt. Schon im Ersten Gesang des *Inferno* kommt der allegorische Charakter der Dichtung deutlich zum Ausdruck. Der Dichter hat sich im dunklen Wald eines gottentfremdeten weltlichen Lebens verirrt, und zwar, als er genau in der Mitte seines Lebens stand, also im Jahr 1300; der „dunkle Wald" ist natürlich kein physisch-realer Ort, sondern ein innerer Zustand:

> Auf halbem Wege dieser Lebensreise
> Fand ich in einem dunklen Walde mich,
> Weil ich verirrt war von dem rechten Gleise.
> Zu sagen, wie es war, ist fürchterlich.
> Der dunkle Wald im rauen, dichten Grunde;
> Gedenk' ich sein, erneut der Schrecken sich.
> Kaum minder bitter ist die Todesstunde,
> Doch um des Guten willen, das ich fand,
> Verschweig' ich auch vom andren nicht die Kunde.[50]

Die wilden Tiere, die in diesem Wald hausen und denen der Dichter begegnet, sind die Untugenden der Menschen, die zügellosen Laster der Zeit – das Pardeltier die Wollust, der Löwe Stolz und Herrschsucht, die Wölfin Geiz und Habgier; sie drohen ihn zu verderben und hindern ihn das Heil zu erreichen, das er vor sich sieht. Da sendet ihm die Gnade den Retter zu in Gestalt des *Vergil*, der im Mittelalter nicht nur als Dichter, sondern auch als ein Eingeweihter und Adept der Magie galt. Aber auch Vergil ist eine allegorische, mystische und anagogische Figur, unterschieden von der histori-

schen Person des klassischen Dichters (lebte von 70 v. Chr. bis 19
n. Chr.), dem Sänger der römischen Weltherrschaft, der das Kaiser-
tum des Augustus so verherrlichte – nein, der Vergil der *Göttlichen
Komödie* ist Dantes eigenes höheres Selbst! Für Dantes Ich wird er
nun Seelenführer und Geisteslehrer, er soll ihn aus dem Dickicht
des finsteren Waldes herausführen, ja mehr noch, er soll ihn als
Mystagogen durch die Reiche der Unterwelt führen und durch das
Fegefeuer, wo die Geister „zufrieden Pein bestehn", denn nur die
Läuterung im Purgatorium ist die Bedingung für das Anschauen
Gottes, die *visio dei*. Und wer wäre berufener zu einem solchen Amt
als Jenseitsführer, wenn nicht Vergil, der doch in seiner *Äneis* schon
eine Unterweltsfahrt beschrieben hat!

Über dem düsteren Höllentor prangen unheilverkündend die
Worte: „*Lasst, die ihr eingeht, alle Hoffnung fahren*". Die Hölle bildet
nach der Beschreibung Dantes unter der Erdoberfläche einen Trich-
ter, dessen Spitze im Mittelpunkt der Erde liegt. Den Deckel des
Trichters bildet ein Kreis, in dessen Mitte Jerusalem sich befindet;
die Längsachse des Höllentrichters reicht somit von Jerusalem –
dem Mittelpunkt der (damaligen) Welt – direkt bis zum Erdmittelpunkt herunter. Die schrägen Seitenwände senken sich in acht
Absätzen in die Tiefe; auf jedem Absatz liegt einer der neun Höllenkreise, nur auf einem liegen zwei konzentrisch nebeneinander.
Zwischen dem Eingangstor und dem oberen großen Kreis dehnt
sich öde ein neutrales Revier aus, der Aufenthaltsort jener Geister,
die beim Fall der Engel weder für Gott noch für den Widersacher
stritten. Auf dieses neutrale Grenzland folgt der die Hölle umringen-
de Unterweltsfluss *Acheron*, wo auch der Fährmann *Charon* weilt,
der die verdammten Seelen ans andere Ufer hinüberbringt. Dante
selbst wird von Charon zurückgewiesen, weil sein Körper für das
Geisterschiff viel zu schwer wäre; außerdem weil bislang noch kein
Guter den Acheron durchschifft habe.

Aber auf geheimnisvolle Weise, schlafend, gelangt Dante doch
über den Acheron und an den Rand des abgrundtiefen Trichters,
aus dessen Grund das Geheul der Verdammten hochschallt. Die
hierarchisch gestaffelten neun Höllenkreise bilden eine Art Topogra-

phie der Unterwelt, doch sollte man auch diese Beschreibung nicht nur wörtlich, sondern im dreifachen Geheimsinn, also allegorisch, moralisch und anagogisch auffassen. Es handelt sich bei diesen Kreisen nämlich um übersinnliche – oder genauer, untersinnliche und unterweltliche – Sphären oder Seins-Stufungen, gleichsam Plotinische Hypostasen, nach unten gekippt, die jeweils verschiedenen moralischen und Bewusstseins-Zuständen entsprechen. So befinden sich im Ersten Kreis der Hölle, *Limbus* oder Vor-Hölle, die tugendhaften Heiden; der Zweite Kreis gehört der Wollust, der Dritte der Gier, der Vierte dem Geiz, der Fünfte dem Zorn und der Trägheit des Herzens, in den anderen Kreisen sind Gewalttäter, Wucherer, Wahrsager, Zauberer, Bestechliche, Heuchler, Pharisäer, Diebe und Räuber, schlechte Ratgeber und Falschmünzer zuhause, je nach ihren Eigenschaften. Die Einteilung des Höllensystems mit seinen Kreisen entspricht mit einigen Abstrichen der Ethik des Aristoteles, der drei Arten verwerflicher Sitten kannte, Unmäßigkeit, tierisches Wesen (*bestialitas*) und Bosheit. Die Sünden der Unmäßigkeit in Liebe, Schwelgerei, Geiz und Zorn sind demgemäß in den Kreisen 2 bis 5 untergebracht; der Sechste Kreis vertritt eine den Griechen unbekannte Untugend: die Ketzerei; die drei untersten Höllenkreise, vom Siebenten an, sind den Gewalttätigen und Boshaften vorbehalten. Im innersten Punkt des Trichters jedoch, der konzentrischen Mitte aller Höllenkreise, dem Mittelpunkt der Erde auch, steckt festgefahren *Luzifer* mit seinem mechanischen Flügelschlag, dreigesichtig und umgeben von den drei Meuchelmördern Judas, Brutus, Cassius, die er unaufhörlich zermalmt:

> O welch ein Wunder mir sein Anblick bot!
> Wie drei Gesichter aus dem Kopfe standen!
> Das eine vorn, und das war scharlachrot,
> Zwei andre, die sich rechts und links befanden,
> So dass ihr Blick auf eine Schulter fiel,
> Und oben, wo der Kamm sitzt, sich verbanden.
> Gelb schien und weiß des rechten Farbenspiel;
> Das linke Antlitz war wie die Vasallen

Des Landes, wo zu Tale stürzt der Nil.
Zwei große Flügel ragten unter allen,
Passend für einen Vogel solchen Baus;
Nie sah auf See ich solche Segel wallen.
Und nicht befiedert, gleich der Fledermaus
Ist ihre Art: die schwenkt' er auß- und innen,
Und also gehn drei Winde von ihm aus,
Davon Cocytus' Fluten ganz gerinnen.[51]

Im innersten Höllenraum, zur einen Hälfte diesseits, zur anderen jenseits des Erdzentrums, sitzt Luzifer seit seinem Sturz aus dem Himmel fest; sein Arm ist ungefähr so groß wie der ganze Körper eines der Giganten, rund 500 Fuß lang, sodass man sich die ganze Gestalt des Höllenfürsten vierzehn- bis fünfzehnhundert Fuß hoch zu denken hat. Luzifer fuhr auf dem Jerusalem gegenüberliegenden Punkt in die Erde hinein bis zum Erdmittelpunkt; durchschreitet man also diesen Mittelpunkt, an Luzifer vorbeigehend, so gelangt man durch einen steil ansteigenden Schacht zur entgegengesetzten Erdhälfte bis zur Antipode Jerusalems. Und dort befindet sich der *Läuterungsberg*. Dies ist nun genau der Weg, den Dante und Vergil einschlagen. Auch diese Höllen-Topographie ist zutiefst symbolisch: Wer zum Läuterungsberg – und von dort aus zum Himmel – gelangen will, muss durch den tiefsten Höllenpunkt hindurch, durch die dichteste Verdichtung aller Materie, durch das schwärzeste aller Schwarzen Löcher, den absoluten Nullpunkt des Universums; der Weg zur Höhe führt also durch die Tiefe, und nur wer alle Höllenkreise durchwandert hat, besitzt die spirituelle Reife, in allen Gefahren des *Purgatorio* – des Fegefeuers – standhaft zu bleiben.

Den Läuterungsberg muss man sich vorstellen als eine im ganzen kegelförmige, unten steilere, nach oben immer flacher werdende Anhöhe, um die sich übereinander sieben horizontale Einschnitte ziehen, je einen Kreis für jede der sieben Todsünden bildend. Der Rumpf des Berges steht auf einer kreisförmigen Inselfläche, von Schilf (der Pflanze der Demut) umringt; der Gipfel des Berges bildet eine Ebene, auf der sich das irdische Paradies befindet. Entsprechend den neun Kreisen der Hölle sind den sieben Etagen des Läuterungsberges die zu tilgenden Untugenden zugeordnet, der ersten nämlich die Hochmut, der zweiten Neid, der dritten Zorn, der vierten Trägheit des Herzens, der fünften der Geiz, der sechsten Gier und der siebenten Wollust – es handelt sich also um sieben Bewusstseinszustände, um sieben innere Läuterungszustände, die nur allegorisch als sieben räumliche Etagen dargestellt werden. Man muss sich die ganze Wegbeschreibung der *Göttlichen Komödie* esoterisch denken – es wird nicht eine Landkarte äußerer Geographie, sondern eine innere Landkarte der Seele gegeben.

Dass Dante mit geistigen Mächten wie der Troubadours-Mystik und dem häretischen Katharertum in Verbindung gestanden haben muss, geht aus seinen Begegnungen auf dem Läuterungsberg unzweideutig hervor. Im 26. Gesang trifft er den aus Südfrankreich stammenden Sänger *Arnault Daniel* (gest. 1189), der Dante auch anspricht, und zwar in provencalischer Sprache. Im 16. Gesang kam eine Begegnung mit dem Katharer *Marco Lombardo* zustande. Es ist der dritte Kreis des Läuterungsberges, dem Zorn vorbehalten, und die Buße der Zornigen besteht darin, im Rauch zu wandeln. Dante begegnet dem großen Häretiker in den „Rauchesweiten" des Purgatoriums, nicht etwa in den Kreisen der Hölle, wo sich Päpste und Kardinale befinden; und Vergil feuert Dante an, eine Stimme, die er aus dem Rauch dringen hört, nach dem „rechten Weg" hinauf ins Paradies zu befragen. Dante aber will zuerst wissen, wer der Befragte im Leben einst war, und er bekommt von diesem folgendes zur Antwort:

> Ich war Lombarde, Marco war mein Namen;
> Die Welt war mir bekannt, die Tugend wert,
> Danach zu zielen alle jetzt erlahmen.
> Ihr geht den rechten Weg, den ihr begehrt.[52]

Historisches ist nur wenig über Marco Lombardo bekannt; er bleibt eine schattenhafte Gestalt. Wir wissen nur, dass er – von Beruf Totengräber in dem Dörfchen Cologno bei Concorezzo –

ursprünglich der „gemäßigten" Richtung der Bogomilen angehörte, die in Italien eigentlich immer überwog. Später trat er aber zur radikaleren Richtung über, die durch den Bogomilenpapst Niketas aus Byzanz repräsentiert wurde. Mit diesem zusammen besuchte er im Jahre 1167 einen großen Kongress der südfranzösischen, ebenfalls bogomilisch missionierten Katharer in St.-Felix-de-Caraman bei Toulouse, wo er von Niketas persönlich zum „Bischof der lombardischen Kirche der Katharer" ordiniert wurde, worüber auch eine Konzilsakte vom 14. August ds. Jhrs. Auskunft gibt. Demnach wäre Marco der erste Katharer-Bischof Italiens überhaupt gewesen! Bedenken wir, dass die Katharer die mächtigste häretische Bewegung des Mittelalters gewesen sind, der die Kirche nur mit einem großen Katharer-Kreuzzug und langandauernder Inquisition beizukommen wusste! Und diesen vielleicht größten Häresiarchen ganz Italiens lässt Dante 140 Jahre später im *Purgatorio* auferstehen, um ihn nach dem Weg zum Paradies zu befragen, woran sich ein kleiner Disput über die Willensfreiheit anknüpft. Die Ansicht, dass der freie Wille durch den Einfluss der Gestirne beeinträchtigt werden kann, lehnt Marco ab; stattdessen sagt er:

> Doch ist euch Licht verliehn zu Ja und Nein
> Und freier Wille, welcher eines Tages,
> Wenn er nur nicht im ersten Kampf erschlafft,
> Alles besiegt, bei Nahrung echten Schlages.[53]

Die alte katharische Lehre vom „Inneren Licht" wird hier verkündet, vom unkorrumpierbaren göttlichen Lichtfunken in uns, der nicht durch irgendwelche äußerlichen Einflüsse determiniert werden kann. Aber die alles entscheidende Begegnung findet erst gegen Ende des *Purgatorio* statt, die mit Beatrice, der Seelenführerin auf dem Weg ins Paradies.

Im 27. Gesang erreichen die beiden Jenseitswanderer endlich die Grenze zwischen dem Fegefeuer und dem irdischen Paradies, die aus einem Feuerwall besteht. Das irdische Paradies selbst, der Ort, wo sich die mit Gott versöhnten Geister aufhalten, befindet sich wie bereits erwähnt auf dem Gipfel des Läuterungsberges; die herrlichen Waldungen dort werden mit dem berühmten Pinienhain verglichen, der unweit Ravenna den Strand von Chiassi schmückt. Zwei Flüsse strömen dort, beide übernatürlichen Ursprungs – der Lethestrom, der gen Norden fließt, und der nach Süden mündende Strom Eunoe. Beide, wenn man von ihnen kostet, zeitigen wunderbare Wirkung – *Lethe* lässt den Schmerz der Reue vergessen; *Eunoe* erneut die Erinnerung an die guten Werke. So wird der Aufstieg ins himmlische Paradies gebührend vorbereitet.

Hier nun legt Vergil seiner menschlichen Bestimmung gemäß sein Führeramt nieder, denn weiter als bis zum irdischen Paradies vermag er als heidnischer Mystagoge und Ungetaufter nicht vorzudringen. Aber schon naht eine andere Führergestalt – *Beatrice*, die ihm auf einem von einem Greifen gezogenen Wagen entgegenkommt. Es ist ein phantastischer, märchenhafter Aufzug, jedes Detail von tief allegorischer Bedeutung: sieben goldene Leuchter schweben dem Zug voran (die „sieben Geister vor dem Thron Gottes" in der Offenbarung des Johannes); die dem Wagen der Beatrix voranschreitenden Greise sind die 24 Bücher des Alten Testaments; der Greif schließlich ist ein Christussymbol, da er göttliche und menschliche Natur, Adler und Löwe, in sich vereint. Die 4 Kardinaltugenden und die Schriftsteller des Neuen Testaments schließen den wunderlichen Zug ab. Und Beatrice selbst? Aus einer Wolke von Blumen tritt sie nun hervor, gekleidet in die drei symbolischen Farben Grün, Rot und Weiß, mit einem Friedenskranz geschmückt. In seiner *Vita nuova* beschreibt Dante, wie er im Jahre 1274 als Neunjähriger zum ersten Mal das achtjährige Mädchen erblickte, das sofort eine unauslöschliche Leidenschaft in ihm entzündete; im Jahre 1290 mit vierundzwanzig Jahren starb Beatrice. Und nun, 10 Jahre später, wir schreiben ja das Jahr 1300, erspürt Dante beim Anblick der Jugendliebe wieder neu „der alten Liebe Allgewalt" (Purg. 30, 39).

Wer war Beatrice? Bloß eine verklärte Jugendliebe? Oder eine transzendentale mystische Erfahrung? War sie göttlich oder menschlich, symbolisch oder real? In Beatrice liegt ein großes Geheimnis beschlossen, das Mysterium der göttlichen Sophia, des Ewig-Weiblichen, das uns hinanzieht – aber Dantes Liebe war zu feurig, zu innig, zu sehr sein ganzes Wesen durchdringend, als dass Beatrice eine reine Symbolfigur sein kann. Sie war eben menschlich *und* göttlich, irdisch *und* himmlisch, darin im Grunde Christus gleich, der ja auch „die beiden Naturen" in sich vereinte. Sie verkörpert zweifellos jenes Urbild des Weiblichen, das kosmisch als Sternenjungfrau, als Heilige Weisheit oder Isis-Sophia erscheint; sie trägt auch Maria-Züge, und besonders mit ihrem grünen Mantel und ihrer Blumenumkränzung Züge der Demeter-Persephone, der Erdgöttin. Vielleicht kann man in Beatrice überhaupt eine Erscheinungsform der *„Großen Göttin"* sehen, deren Angedenken aus uralten heidnischen Zeiten bis ins hohe Mittelalter hinübergerettet wurde. Aber nochmals: Beatrice ist kein körperloses Bild, sondern als Mensch aus Fleisch und Blut ganz real; und ebenso real war Dantes Liebe zu der jungen Florentinerin. Dantes Geheimnis bestand darin, dass er ein großer Liebender war. Vielleicht gar einer der größten Liebenden aller Zeiten.

Unter Beatrices Anleitung beginnt nun auch der Aufstieg in die Himmelssphären. Ein Sonnenstrahl, der in das Auge Beatrices fällt, spiegelt sich dort und wird zu Dante reflektiert; dieser sieht aber Beatrice wie eine andere Sonne leuchten, und durch ihren Anblick wird er immer höher emporgetragen – Liebe als Einweihungsweg. Denn die aufwärtstragende Kraft ist der Blick auf die mehr und mehr sich verklärende Beatrice, die wachsende Erkenntnis der seligmachenden Weisheit. Ein tiefer Symbolgehalt liegt darin beschlossen, dass Beatrix die *„Seligmacherin"* heißt. Das Goethewort „Das Ewig-Weibliche zieht uns hinan" verkörpert sich in ihr. Dass Dante ganz real und tatsächlich im Himmel war, gilt für ihn als Tatsache; allerdings bekennt er die Unmöglichkeit, solche im höchsten Maße transzendentalen Erfahrungen in Worte zu kleiden:

Im Himmel, wo am hellsten scheint ihr Licht,
War ich, und Dinge schaut' ich, die zu sagen

Ihm, der herabkommt, Kund' und Kraft gebricht.[54]

Um authentische spirituelle Erfahrungen geht es hier, um reales Einweihungs-Erleben; die Himmelsreise ist keine literarische Fiktion, auch nicht bloß ein gelehrtes Zusammentragen antiker und christlicher Quellen. Auch der Himmel besitzt eine mystische Topographie, hierarchisch gegliedert nach den sieben Planetensphären. Zwischen der Erde und dem untersten Himmel befindet sich zunächst eine Feuerregion; auf diese folgt der erste Himmel als die Sphäre des Mondes, dann die sechs anderen astralen Reiche mit ihren Gestirnen Merkur, Venus, Sonne, Mars, Jupiter, Saturn; darüber wölbt sich der Fixsternhimmel oder die achte Sphäre; dann folgt die neunte Sphäre oder das *primum mobile*, so genannt, weil es seine Eigenbewegung auf alle anderen, darunter liegenden Sphären überträgt. Noch über ihm thront, ewig unbeweglich, das *Empyreum* als Sitz der Gottheit in seiner Heiligen Dreifaltigkeit, deren Liebe das ganze All in Bewegung hält. So gestaltet sich die ganze Himmelsreise als eine Sphärenwanderung. Dante lässt es offen, ob er durch all diese Sphären im physischen Körper oder nur mit seinem „letzterschaffnen Teil" – also nur mit der Seele – aufgefahren sei:

> Ward nur mein letzterschaffnes Teil gehoben?
> Du weißt es, die du alle Welten lenkst,
> O Liebe, deren Licht mich trug nach oben.[55]

Die Auffassung, dass die Planeten Wohnorte seliger Geister seien, hat schon Platon in seinem *Timaios* vertreten; aber nicht die physischen Planeten des äußeren Sternhimmels sind gemeint. Als Dante in die Sphäre des ersten Himmels eintritt, geht er in die geistige Wesenssubstanz des *Mondes* ein, die ihn aufnimmt, ohne sich zu verändern, gleichwie Wasser den Lichtstrahl in sich einlässt. In der Mondsubstanz erblickt Dante die dort lebenden Geister wie Spiegelbilder, schwer zu erkennen gleich der Perle auf weißer Haut. Es sind selige Geister, die sich jedoch deshalb im untersten Himmel aufhalten, weil sie im Leben gegen ein Gelübde gefehlt haben. Die

Geister, die auf dem *Merkur* weilen, sind solche, die sich von der Liebe zum Ruhm haben leiten lassen. Ihr Rang ist Himmel ist gering, aber ihrem Verdienst angemessen, und auch sie empfinden Seligkeit. Auf der *Venus* leben Geister, deren Gottesliebe noch durch die Reste alter Leidenschaft getrübt wird. Daher auch die rein allegorisch zu verstehende Behauptung, der Schatten der Erde reiche bis zum dritten Himmel (Par. 9, 118): erdnahe Geister sind es, die hier weilen, zwar des Himmels würdig, aber noch von altem Makel befleckt.

Der Flug geht aber weiter zur *Sonne*, dem „größten Diener der Natur", und hier im Sonnenhimmel sind die seligen Kirchenväter versammelt, einen Kreis von Lichtgestalten bildend. Thomas von Aquin und sein Lehrer Albertus Magnus sind darunter, aber auch der heidnische König Salomo und der mystische Theologe Dionysius Areopagita. Dieser Reigen von 12 Seligen wird eingeschlossen von einem noch größeren Ring, den nochmals 12 Kirchenlehrer bilden, sodass wir in der Sonnensphäre einen Tanz von 24 Lichtern haben, möglicherweise ein Sinnbild für die 24 Stunden des Tages. In den fünften Himmel entrückt, den des *Mars*, sieht Dante dort die Seligen in einer Gruppe funkelnder Juwelen, die Form eines Kreuzes bildend. Es sind besonders streitbare Heilige, die sich hier versammeln. Im Himmel des *Jupiter* gruppieren sich die Geister in Gestalt eines mystischen Adlers, der Gerechtigkeit und Königswürde symbolisiert. Der siebente Himmel ist nach *Saturn*, dem Herrscher des goldenen Zeitalters benannt. Er beherbergt die kontemplativen Seelen, die ihr Leben der Betrachtung göttlicher Dinge gewidmet haben.

Den achten, den Fixsternhimmel betritt Dante im Zeichen der Zwillinge, seinem eigenen Sternzeichen; und dort verweilend blickt er durch alle sieben Planetensphären auf die Erde nieder, wo er auch Italien sieht, „die Scholle Land, auf die so stolz wir sind" (Par. 22, 151) – man sieht, selbst im Fixsternhimmel bleibt Dante immer noch italienischer Nationaldichter. Im achten Himmel trifft er auch Petrus und die anderen Apostel, „die Lilien, an deren Duft man den rechten Weg erkennt". Von dem Zwillingssternzeichen, „Ledas schönem Nest" – weil man in den Zwillingen Ledas Söhne Castor und Pollux sah – geht der Sternenflug des Eingeweihten nun in den neunten Himmel, der letzten und am schnellsten sich drehenden Sphäre, der Urantriebskraft aller Bewegung, dem *primum mobile*. Über ihm ist nichts als das ewig-still in sich ruhende *Empyreum*, und von rastloser Sehnsucht danach angetrieben, bringt es aus sich selbst jene Bewegung hervor, die es auf alle anderen, darunter liegenden Sphären überträgt. Und im Sinne des aristotelischen Satzes, dass Zeit das Maß der Bewegung ist, kann man sagen, dass erst im *primum mobile* die Zeit beginnt; es ist der Ort, von wo alles Bewegende seinen Anfang nimmt, der Ort auch, wo ewig die neun Kreise der Engelshierarchien schwingen.

Das *Empyreum* aber ist eine Sphäre reiner Zeitlosigkeit, ein mystischer Überraum, angefüllt von einem Ozean transzendentalen Lichts, das selber wieder eine Widerspiegelung und ein Abglanz der wahren Gottheit ist. Außerhalb von Raum und Zeit gelegen, besitzt dieser höchste Himmel keine Sterne, sondern nur ein immergleiches Licht, in dessen allgegenwärtiger Fülle man keinen bestimmten Ort mehr angeben kann. Beatrice beschreibt die himmlische Lichtflut des *Empyreums* so:

> Der größte Raum ist unter uns geblieben;
> Der Himmel, wo wir sind, ist reines Licht,
> Licht der Erkenntnis, ganz erfüllt von Lieben,
> Lieben des wahren Guts, voll Fröhlichkeit,
> Voll Fröhlichkeit, die Worte nie beschrieben.[56]

Die Schauungen, die nun noch kommen, nämlich die Vision der mystischen Himmelsrose und der Heiligen Dreieinigkeit, sind kaum noch sagbar; kein menschliches Wort reicht aus, sie zu ermessen, ja mehr noch: Dante ist sich bewusst, dass solche übersinnlichen Erlebnisse von unserem normalen Tagesgedächtnis nicht gespeichert werden können; nur ein schwacher Abglanz davon bleibt in der Erinnerung zurück. Im 33. Gesang des *Paradiso* heißt es:

Von nun an war mein Sehen höhern Ranges
Als Menschenwort, das solchem Schaun gebricht,
Wie auch Gedächtnis solchen Überschwanges.
Wie einer Dinge sieht im Traumgesicht
Und nach dem Traum Gefühl, das er empfunden,
Zurückbleibt und vom andern weiß er nicht,
So geht es mir: fast ganz ist mir entschwunden
Die Vision, doch träuft durch Herz und Sinn
Die Süße noch, die ich in ihr gefunden.[57]

So war Dante ganz und gar ein christlicher und ebenso kosmischer Mystiker, der in seiner großen Weltdichtung von seinen spirituellen Lichterfahrungen zeugt. Entbrannt in irdischer Liebe zu Beatrice, nahm er die verklärte Liebe zu ihr als Einweihungsweg, und sein höchster Wunsch blieb, eins zu werden mit jener kosmischen All-Liebe, die das Universum bewegt, wie es in den Schlussversen des *Paradiso* heißt: *L' amor che muove il sole e l'altre stelle* – „Die Liebe, die umschwinget Sonn' und Sterne".

Das Vermächtnis der deutschen Klassiker

In den Werken der deutschen Klassiker und Romantiker – von Goethe bis Hölderlin – liegt ein Schatz an Spiritualität und esoterischer Weisheit verborgen, der bisher noch kaum gehoben wurde. Was in Indien die Meister des Ostens vollbracht haben, das wurde im Abendland von den großen Denkern des deutschen Idealismus sowie von den Dichtern der deutschen Klassik und Romantik nachvollzogen, und zwar ohne dass zu jener Zeit eine genauere Kenntnis der östlichen Weisheitslehren vorhanden war. Es gibt viele Wege zur Weisheit und viele Ebenen, sich ihr anzunähern. Die Wege des Westens und des Ostens, der deutschen Philosophie und der indischen Mystik, erweisen sich als komplementär, sich gegenseitig ergänzend, nicht aber sich ausschließend.

Es gibt durchaus Esoterik in den Werken der deutschen Klassiker und Romantiker, ja man findet sogar Theosophie darin, wenn man hierunter nicht eine festumrissene Weltanschauung versteht, sondern ganz allgemein das Streben nach „Gottesweisheit". Es gibt tief religiöse Naturen unter den Klassikern, und Esoteriker waren sie in dem Sinne, dass sie sich unabhängig von aller kirchlichen Religiosität einen ganz eigenständigen, allein auf Schau und Erkenntnis gegründeten Weg zum Göttlichen zu bahnen suchten.

Als „Esoteriker" wurden früher die Träger eines geheimen Priester- oder Einweihungswissens bezeichnet; in der Mysterienschule des Pythagoras nannte man die zum „Inneren Kreis" Gehörenden Esoteriker. Im Griechischen heißt *esoterika* wörtlich „die inneren Dinge"; dies entspricht dem berühmten Satz des Novalis „Nach innen geht der geheimnisvolle Weg". Er steht in seiner Fragmenten-Sammlung *Blütenstaub*, die in der von Friedrich Schlegel herausgegebenen Zeitschrift *Athenäum* veröffentlicht wurde. Dort heißt es: „Wir träumen von Reisen durch das Weltall: ist denn das Weltall nicht in uns? Die Tiefen unsers Geistes kennen wir nicht. – Nach Innen geht der geheimnisvolle Weg. In uns, oder nirgends ist die Ewigkeit mit ihren Welten, die Vergangenheit und die Zukunft. Die

Außenwelt ist nur die Schattenwelt, sie wirft ihren Schatten in das Lichtreich."[58]

Ein anderes Fragment von Novalis verdeutlicht den Gedanken: „Platos Ideen: Bewohner der Denkkraft, des innern Himmels. Jede Hineinsteigung, Blick ins Innre, ist zugleich Aufsteigung, Himmelfahrt, Blick nach dem wahrhaft Äußern."[59] Die deutschen Klassiker und Romantiker sind in dem Sinne Esoteriker gewesen, dass sie den von Novalis hier bezeichneten „Weg nach Innen" beschritten haben. Die Esoterik im Werk der deutschen Dichter und Denker ist ein Vermächtnis – ein immer noch lebendiges geistiges Erbe, das es heute in zeitgemäßer Weise wieder neu zu erwerben gilt.

Die deutsche Klassik und Romantik, die einen festen Bestandteil der geistigen Kultur Mitteleuropas bildet, stellt einen ergänzenden Gegenpol zur Geisteswelt Indiens dar. Dabei war die deutsche Klassik schon immer universal und kosmopolitisch; dankbar nahm sie jede Anregung aus anderen Ländern und Erdteilen auf; das einzig Nationale an ihr war die Verwendung der deutschen Sprache. Die deutsche Klassik wäre unmöglich gewesen ohne den Einfluss Shakespeares, das Vorbild des klassischen Griechentums, die Übersetzung fremdsprachiger Literatur aus allen Teilen der Welt bis hin zur Begegnung mit dem Geist Indiens – vermittelt durch Friedrich Schlegel, Friedrich Rückert und Arthur Schopenhauer.

Die Begriffe *Klassik* und *Romantik* werden oftmals als Gegensatz gesehen; tatsächlich handelt es sich aber um eine wechselseitige Ergänzung. Der Klassik, ganz am Ideal des Griechentums ausgerichtet, ging es um das Helle, Lichte, Apollinische; die Romantik dagegen wandte sich der Schatten- und Nachtseite der Welt zu: aus allem Dunklen, Geheimnisvollen schöpfte sie ihre Kraft. Der Romantik blieb es vorbehalten, die Nacht von jeder Dämonisierung zu befreien; jenseits von allem Unheimlichen, Furchterregenden, das mit der Nacht verbunden wird, vermochten die großen Dichter der Romantik in der Nacht das erhabene Bild einer Göttin zu erkennen. Und zusammen mit der Nacht wurde auch ihr unheimlicher Verwandter, der Tod, ins Positive gewendet: nicht bloß beklagenswerte Vernichtung und Jammer sollte der Tod sein, sondern wie die Nacht mystische Entgrenzung, Eingehen in etwas Höheres. Nachtverehrung und Todessehnsucht, beides unlöslich miteinander verbunden, wurde damit zur Grundstimmung romantischer Lebenshaltung. Ludwig Tieck (1773–1853) hat in den folgenden Versen den Geist der Romantik geradezu programmatisch ausgedrückt:

> Mondbeglänzte Zaubernacht.
> Die den Sinn gefangen hält,
> Wundervolle Märchenwelt,
> Steig' auf in der alten Pracht![60]

Die „mondbeglänzte Zaubernacht", in der „wundervolle Märchenwelten" wiederauferstehen, galt den Romantikern als Symbol ihrer geistigen Erfüllung; denn die Romantik war nicht zuletzt als Gegenbewegung gegen den rationalistischen Geist der Aufklärung auf den Plan getreten. Sie suchte nach Wegen, „auf denen der gottverlassene Vernunftkultus wiederum in den Tempel der wahren gotterfüllten Gemütsandacht zurückgeführt werden könnte", wie August Wilhelm Schlegel (1767–1845) sich ausdrückte. Gegen die Alleinherrschaft dieses „Vernunftkultus" sollte das Irrationale, Dunkle, Traumhafte als Quelle der Inspiration und Weisheit zu Ehren gebracht werden.

In den typisch romantischen Gedichten finden wir stets eine Welt dargestellt, die unter dem Bann eines geheimnisvollen Zaubers steht – nicht die alltägliche Erlebniswelt unseres Tagbewusstseins, sondern eine verklärte Märchenwelt, in der Feen und Elfen, Quellnymphen und Zauberwesen aller Art sich tummeln. Denn das Grundbestreben der Romantiker lag darin, das Jenseitige im Diesseitigen, das Geistige im Materiellen, das Unendliche im Endlichen aufscheinen zu lassen. In diesem Sinne schrieb Novalis, damit die Quintessenz der Romantik zusammenfassend: „Die Welt muss romantisiert werden. So findet man den ursprünglichen Sinn wieder. Romantisieren ist nichts anderes als eine qualitative Potenzierung. (...) Indem ich dem Gemeinen einen hohen Sinn, dem Gewöhnlichen ein hohes Ansehn, dem Bekannten die Würde des Unbekannten, dem Endlichen einen unendlichen Schein gebe, so romantisiere ich es."[61] Die Worte geben es deutlich zu erkennen: auf eine Verklärung, Vergeistigung, Spiritualisierung der Welt läuft alles romantische Kunstschaffen hinaus.

Friedrich Schlegel (1772–1829) definierte die romantische Dichtung als eine *progressive Universalpoesie*: „Die romantische Poesie ist eine progressive Universalpoesie. Ihre Bestimmung ist nicht bloß, alle getrennten Gattungen der Poesie wieder zu vereinigen und die Poesie mit der Philosophie und Rhetorik in Berührung zu setzen. Sie will und soll auch Poesie und Prosa, Genialität und Kritik, Kunstpoesie und Naturpoesie bald mischen, bald verschmelzen, die Poesie lebendig und gesellig und das Leben und die Gesellschaft poetisch machen (....). Die romantische Dichtart ist noch im Werden; ja, das ist ihr eigentliches Wesen, dass sie ewig nur werden, nie vollendet sein kann. Sie kann durch keine Theorie erschöpft werden, und nur eine divinatorische Kritik dürfte es wagen, ihr Ideal charakterisieren zu wollen. Sie allein ist unendlich, wie sie allein frei ist und das als ihr erstes Gesetz anerkennt, dass die Willkür des Dichters kein Gesetz über sich leide."[62]

Bei ihrer Hinwendung zur Nachtseite der Welt hat die Romantik nebenbei sogar Begriff und Tatbestand des „Unbewussten" entdeckt. Was wir umgekehrt an der Klassik so sehr bewundern, das ist gerade ihr abgeklärter Geist, ihr Drang nach Formschönheit, nach einer ganz vom Geist her bestimmten Einheitlichkeit des Gesamtgefüges. Daher bilden „Klassik" und „Romantik" zwei Seiten derselben Münze – wie Helles und Dunkles, Geist und Gefühl, Rationales und Irrationales, Philosophie und Religion. Lebt die Klassik ganz von der Philosophie des deutschen Idealismus, mit Kant angefangen, so ist die Romantik ihrem innersten Wesen nach *Religion* – aber reine Gefühlsreligion, kein dogmatisch festgelegtes Bekenntnis.

Das höchste Ziel dieser romantischen Religion bestand darin, das Gemüt inmitten des Endlichen eins werden zu lassen mit dem Unendlichen. Nicht Gottesdienst, sondern allein die Kunst ist das Organ dieser pantheistisch-ästhetischen Religion, die Friedrich Schleiermacher (1768–1834) als „Sinn und Geschmack für das Unendliche", als mystische Einswerdung mit dem Universum verstand. Überhaupt scheint die Sehnsucht nach dem Unendlichen, das Streben nach Entgrenzung, ganz im Mittelpunkt allen romantischen Schaffens zu stehen.

Die Eigenschaften der Romantik – Unendlichkeitsstreben, Einheitsmystik, Neigung zur Gefühlsreligion – weisen darauf hin, dass es sich bei ihr um eine spirituelle Bewegung handelt. Die Romantik ist – zusammen mit ihrem notwendigen Gegenpol, der Klassik – *ein großer spiritueller Aufbruch aus dem Herzen Europas*, der sich im Kulturleben der europäischen Völker dauerhaft verankern konnte. Noch heute finden wir die Spuren ihres Wirkens in Kunst und Kultur, Musik und Malerei. Mit ihrer freien, undogmatischen Religiosität bereiteten Klassik und Romantik zugleich die Bahn für das Kommen eines neuen spirituellen Bewusstseins, einer neuen Geistesreligion. In den folgenden Kapiteln wird es darum gehen, einige führende Persönlichkeiten dieser spirituellen Kulturbewegung darzustellen, und zwar insbesondere solche, die man als Esoteriker – in göttliches Wissen Eingeweihte – bezeichnen kann. Zu ihnen gehören die großen Dichter der deutschen Klassik und Romantik, die kraft eines angeborenen Sehertums in höhere Seins-Bereiche des Transzendenten vorzustoßen vermochten.

Kosmische Mystik in den Oden Klopstocks

Friedrich Gottlieb Klopstock, 1724 in Quedlinburg geboren und 1803 in Hamburg gestorben, wird in der Literaturgeschichte meist als ein kühner Vorläufer der Klassik und der Romantik genannt; er gilt zusammen mit *Lessing* und *Wieland* als ein Repräsentant der „Deutschen Frühklassik". Doch kann eine solche Einordnung als „Vorläufer" der wahren, sowohl dichterischen als auch religiösen Genialität Klopstocks nicht gerecht werden; ja sie geht im Grunde genommen an der Wesensmitte seines Werkes geradewegs vorbei. Klopstock gehört zu jenen vergessenen Geistesgrößen der deutschen Geschichte, an denen der breite Lebensstrom achtlos vorbeifloss, vielleicht weil nur Wenige die einsame Größe seiner geistigen Vision nachvollziehen konnten.

Aber zu seinen Lebzeiten galt Klopstock für viele seiner Zeitgenossen als *der* Dichter der Deutschen schlechthin. Dieser Ruhm und der hohe Grad an Bekanntheit steht in krassem Missverhältnis zu der völligen Vergessenheit, in die der Dichter unmittelbar nach seinem Ableben versank. Sein Geburtshaus in Quedlinburg, einer verträumten malerischen Kleinstadt am Ostrand des Harz, kann heute noch besichtigt werden; es ist ein wuchtiges barockes Fachwerkhaus, in dem sich auch ein Klopstock-Museum befindet. Der äußere Lebensweg Klopstocks verlief, wie bei den meisten großen Dichtern, still und fast völlig ereignislos. Aus einem protestantischen Pfarrerhaus stammend, wurde er an der berühmten sächsischen Fürstenschule Schulpforta erzogen – wie später auch Nietzsche – und studierte daraufhin Theologie in Jena und Leipzig. Später wirkte er als Hauslehrer und seit 1770 als dänischer Legationsrat in Hamburg. Er führte ein Leben, das kaum sichtbare Spuren in der Geschichte hinterließ; sein Vermächtnis liegt einzig und allein in seiner Dichtung.

Der Verstandesherrschaft der Aufklärung stellte Klopstock als Erster ein neues, schwärmerisches, frommes und zugleich weltfreudiges Lebensgefühl entgegen; die deutsche Dichtung hat durch seine an Horaz und den Psalmen geschulte Kunst wieder beseelten Klang, rhythmische Bewegung und erhabenen Inhalt bekommen. In seinen feierlichen Oden verherrlicht er Freundschaft und Liebe, Gott und die Unsterblichkeit, die Natur und die Freiheit. Klopstock brachte einen neuen Sinn für Schwung und Begeisterung, Pathos und Größe in die deutsche Dichtung hinein. Sein Erstlingswerk, der *Messias* (ein „Heldengedicht", 1749), war noch im Versmaß des griechischen Hexameters gehalten; aber in seinen „Oden" befreite er sich von jeder äußeren Form und fand seinen eigenen Stil in völlig freien, bisweilen stürmisch aufwogenden Versen, die als Ausdrucksform einer religiös gestimmten Gedankenlyrik höchste Anschaulichkeit entfalten konnten.

Heutzutage wird an Klopstock zumeist sein „Pathos" gerügt; aber es wird nicht erkannt, dass diese aufwallende Begeisterung aus dem Hochgefühl einer religiösen, ja eigentlich mystischen Ekstase herausgeboren wurde, die sich in einer hymnisch-psalmenhaften Sprachform einen passenden, wenngleich doch immer noch unvollkommenen Ausdruck sucht. Klopstock vereinte nämlich, wie einst Orpheus oder die keltischen Barden, den Typus des Dichters, des Sehers und des Propheten in sich; er war ein Dichter-Seher wie später Hölderlin. Die Religion, die Klopstock in seinen Oden darstellt, eine reine Gefühlsreligion, hat mit dem Protestantismus oder überhaupt mit dem Christentum nichts zu tun; es ist die alte und urewige Religion der kosmischen Mystik. Aber die metaphysischen Räume und Überräume, in die der Geist des Dichters sich erhebt, dieses Reich sprühender Ursonnen und wirbelnder Sternenströme, wird sich nur derjenige erschließen können, der sich selbst in mystischer Ekstase mit dem Kosmos verbindet; ein rein verstandesmäßiges Nachvollziehen ohne inneres Erleben reicht nicht aus.

Klopstock inspirierte vor allem zwei Dichterkreise studentischer Jugend, die sich um 1770 gleichzeitig im Norden und im Süden Deutschlands bildeten: der eine ist der „Göttinger Hainbund", der Poeten wie Gottfried August Bürger, Ludwig Hölthy, Johann Heinrich Voss und die Gebrüder Stolberg in jugendlichem Überschwang vereinte. Der Bund, benannt nach Klopstocks Ode *Der Hügel und der Hain*, wurde am 12. September 1772 begründet und gab als sein literarisches Organ den „Göttinger Musenalmanach" heraus. Der andere Kreis, zu dem der junge Goethe und der Lyriker Reinhold Lenz (1751–1792) zählten, wurde unter dem Namen „Sturm und Drang" bekannt; hier wurde einem Geniekult und einem rousseau'schen Zurück-zur-Natur-Ethos gehuldigt. Welch großes Ansehen Klopstock in jenen Kreisen genoss, zeigt eine Szene aus Goethes *Werther*, wo Lotte auf dem Tanzfest nach einem Gewitter ans Fenster tritt: „Sie sah gen Himmel und auf mich, ich sah ihr ins Auge tränenvoll, sie legte ihre Hand auf die meinige und sagte: Klopstock!".

Es sollen nun einige Gedichte Klopstocks wiedergegeben werden, aus denen sein Ethos kosmischer Religiosität besonders deutlich spricht. Eines der bekanntesten Gedichte Klopstocks, die im 19. und 20. Jahrhundert mehrfach vertonte *Frühlingsfeier*, liest sich wie ein von Sphärenmusik begleiteter Psalm an einen kosmischen Allgott; man hört einen Jubelchor astraler Intelligenzen im donnernden Weltengang. Nur der Versuch, die Psalmen-Sprache der Bibel nachzuahmen, lässt noch das protestantische Elternhaus erkennen; jedoch wird die biblische Sprache durch die kosmische Mystik veredelt und auf eine höhere spirituelle Stufe emporgehoben. Hier also Klopstocks *Frühlingsfeier*:

Nicht in den Ozean der Welten alle
Will ich mich stürzen, schweben nicht,
Wo die ersten Erschaffnen, die Jubelchöre der Söhne des Lichts,
Anbeten, tief anbeten und in Verzückung vergehn.

Nur um den Tropfen im Eimer,
Um die Erde nur will ich schweben und anbeten,
Halleluja! Halleluja! Der Tropfen im Eimer
Rann aus der Hand des Allmächtigen auch.

Da der Hand des Allmächtigen
Die größeren Erden entquollen,
Die Ströme des Lichts rauschten und Siebengestirne wurden,
Da entrannest du, Tropfen, der Hand des Allmächtigen.

Da ein Strom des Lichts rauscht' und unsere Sonne wurde,
Ein Wogensturz sich stürzte wie vom Felsen
Der Wolk herab und den Orion gürtete,
Da entrannest du, Tropfen, der Hand des Allmächtigen.

Wer sind die Tausendmaltausend, wer die Myriaden alle,
Welche den Tropfen bewohnen und bewohnten? Und wer bin ich?
Halleluja dem Schaffenden: mehr wie die Erden, die quollen!
Mehr wie die Siebengestirne, die zusammenströmten .... [63]

Ein anderes Gedicht von Klopstock trägt den Titel *Dem Unendlichen*. Es liest sich wie ein alttestamentlicher Psalm; aber es ist nicht die Religion der Propheten, die hier zu uns spricht, sondern eine gottestrunkene Schöpfungs-Mystik, eine Religion der Zukunft:

Wie erhebt sich das Herz, wenn es dich,
Unendlicher, denkt! wie sinkt es,
Wenns auf sich herniederschaut!
Elend schauts wehklagend dann, und Nacht und Tod!

Allein du rufst mich aus meiner Nacht, der im Elend, im Tod hilft!
Dann denk ich es ganz, dass du ewig mich schufst,
Herrlicher, den kein Preis, unten am Grab, oben am Thron,

Herr, Herr, Gott, den, dankend entflammt,
kein Jubel genug besingt!

Weht, Bäume des Lebens, ins Harfengetön!
Rausche mit ihnen ins Harfengetön, kristallner Strom!
Ihr lispelt, und rauscht, und, Harfen, ihr tönt
Nie es ganz! Gott ist es, den ihr preist!

Donnert, Welten, in feierlichem Gesang, in der Posaunen Chor!
Du, Orion, Waage, du auch!
Tönt, all ihr Sonnen auf der Straße voll Glanz,
In der Posaunen Chor!

Ihr, Welten, donnert,
Und du, der Posaunen Chor, hallest
Nie es ganz: Gott – nie es ganz: Gott,
Gott, Gott ist es, den ihr preist!

O Anblick der Glanznacht, Sternheere,
Wie erhebt ihr! Wie entzückst du, Anschauung
Der herrlichen Welt! Gott Schöpfer;
Wie erhaben bist du, Gott Schöpfer!

Wie freut sich des Emporschauns zum Sternheer, wer empfindet,
Wie gering er, und wer Gott, welch ein Staub er, und wer Gott,
Sein Gott ist! O sei, dann, Gefühl,
Der Entzückung, wenn auch ich sterbe, mit mir!

Was erschreckst du denn so, Tod, des Beladnen Schlaf?
O bewölke den Genuss himmlischer Freude nicht mehr!
Ich sink in den Staub, Gottes Saat! Was schreckst
Den Unsterblichen du, täuschender Tod?

Mit hinab, o mein Leib, denn zur Verwesung –
In ihr Tal sanken hinab die Gefallnen
Vom Beginn her – mit hinab, o mein Staub,
Zur Heerschaar, die entschlief! [64]

Ein ganz erstaunliches Gedicht von Klopstock trägt den Titel *Die höheren Stufen*. Es schildert die engelgleichen Bewohner fremder Planeten, die auf Lichtwegen zur geistigen Ur- und Zentralsonne des Alls aufsteigen. Es ist nicht unsere Aufgabe, ein solches Gedicht zu deuten; deshalb will ich es hier unkommentiert folgen lassen.

Oft bin ich schon im Traume dort, wo wir länger nicht träumen.
Auf dem Jupiter war, eilet' ich jetzt
In Gefilde, wie sonst niemals mein Auge sah,
Nie Gedanken mir bildeten.

Rings um mich war mehr Anmut, als an dem Wald und dem Strome
Auf der Erd' ist. Auch quoll Feuer herab
Von Gebirgen; doch wars mildere Glut, die sich
Morgenrötlich ins Tal ergoss.

Wolken schwanden von mir, und ich sahe lebende Wesen
Sehr verschiedener Gestalt. Jede Gestalt
Wurd oft anders; es schien, dass sie an Schönheit sich
Übertraf, wenn sie änderte.

Dieser Unsterblichen Leib glich heitern Düften, aus denen
Sanfter Schimmer sich goss, ähnlich dem Blick
Des, der Wahres erforscht, oder, Erfindung, sich
Deiner seligen Stunde freut.

Manchmal ahmten sie nach Ansichten des Wonnegefildes,
Wenn sie neue Gestalt wurden. Die sank
Zur Erquickung auch wohl dann in das Feuer hin,
Das dem Haupte der Berg' entrann.

Sprachen vielleicht die Unsterblichen durch die geändert Bildung?
War es also: wie viel konnten sie dann
Sagen, welches Gefühl! redeten sie von Gott:
Welcher Freuden Ergießungen!

Forschend betrachtet ich lang die erhabenen Wesen, die rings her
Mich umgaben. Jetzt stand nach mir ein Geist

Eingehüllet in Glanz, menschlicher Bildung, sprach
Tönend, wie noch kein Laut mir scholl:

Diese sind Bewohner des Jupiter. Aber es wallen
Drei von ihnen nun bald scheidend hinauf
Zu der Sonne. Denn oft steigen wir Glücklichen
Höher, werden dann glücklicher.

Sprachs, und zwischen den auf und untergehenden Monden
Schwebten die Scheidenden schon freudig empor.
Jener, welcher mit mir redete, folgt'; und ich
Sah erwachend den Abendstern.[65]

Lessing – Freigeist und Esoteriker

Gotthold Ephraim Lessing (1729–1781), mit Klopstock und Wieland der dritte große Sprachen-Schmied im Vorfeld der deutschen Klassik, protestantisch geprägt, der Aufklärung in wesentlichen Punkten folgend und zugleich über sie hinausweisend, als Freimaurer auch mit esoterischen Gedanken und Praktiken vertraut, war ein unermüdlicher Wahrheitssucher. Das Streben nach der Wahrheit galt ihm wichtiger als die Wahrheit selbst; bekannt geworden ist sein Ausspruch: „Wenn Gott in seiner Rechten alle Wahrheit und in seiner Linken den einzigen, immer regen Trieb nach Wahrheit (obschon mit dem Zusatz, mich immer und ewig zu irren) verschlossen hielte und spräche zu mir: 'Wähle!', ich fiele mit Demut in seine Linke und spräche: 'Vater, gib! Die reine Wahrheit ist ja doch nur für dich allein.'"[66]

Lessing, der wie Klopstock dem sächsisch-mitteldeutschen Lebensraum entstammte, wurde am 22. Januar 1729 in Kamenz in der Lausitz als Sohn eines Pfarrers geboren; nach dem Besuch der Meißener Fürstenschule studierte er in Leipzig zunächst Theologie und Philosophie, schrieb aber auch schon kleinere Bühnenstücke, die auf seine späteren drei Meisterdramen – *Mina von Barnhelm* (1767), *Emilia Galotti* (1772) und *Nathan der Weise* (1779) – hinweisen. Seit 1748 in Berlin ansässig, schrieb er treffsichere Kritiken in der „Vossischen Zeitung" und in der mit F. Nicolai und Moses Mendelssohn gegründeten Zeitschrift „Briefe, die neueste Literatur betreffend". Mit der Aufführung seiner Tragödie *Miss Sara Sampson* (1755) – das erste bürgerliche Trauerspiel in deutscher Sprache! – erlangte er eine führende Stellung als Bühnendichter. So wirkte Lessing in der Literatur geradezu bahnbrechend. Nach Jahren der materiellen Not übernahm er im Jahre 1760 den gut bezahlten Sekretärsposten beim General Tauentzien in Breslau, folgte dann 1767 einem Ruf als Dramaturg ans Deutsche Nationaltheater in Hamburg. Im April 1770 trat er schließlich eine Stelle als Bibliothekar in Wolfenbüttel an, die er bis zu seinem Tode innehatte. Seine letzten

Lebensjahre waren durch Krankheit, den Tod seiner Gattin und literarische Fehden schwer überschattet.

Lessing war Freigeist und Esoteriker zugleich, jedoch wird das Esoterische in seinem Werk durch das mehr im Vordergrund stehende freigeistige Element stark verdeckt. Als Dichter und Denker blieb Lessing der Aufklärung darin treu, dass er das Wesen aller Kunst in der sittlichen Wirkung sah, aber er erkannte, dass diese Wirkung nicht an die Erfüllung der verstandesmäßigen Formvorschriften der Franzosen gebunden war; so entfernte er sich immer weiter von dem damals herrschenden französischen Klassizismus und dem allmächtigen Gottsched. So wurde er zum ersten Überwinder der Aufklärung. Auch der tiefere Sinn von Lessings religiösweltanschaulichen Gedanken greift über die Aufklärung weit hinaus. In seinen zahlreichen philosophischen Prosaschriften, so rationalistisch sie ihrer äußeren Form nach zuweilen erscheinen mögen, sind Perlen esoterischer Weisheit verborgen, in denen keimhaft eine Weisheitsreligion kommender Äonen vorweggenommen wird. Eine solche Esoterik lässt jedes bloß äußere, dogmatisch fixierte Christentum weit hinter sich.

Mit der christlichen Religion hat sich Lessing zeitlebens auseinandergesetzt. Er geht aus von der Existenz einer *natürlichen Religion*, die aus dem inneren Seelenvermögen des Menschen erwächst, sich mit dem Göttlichen zu verbinden. Allen Menschen ohne Ausnahme ist diese natürliche Religion zu eigen. Im Gegensatz zu ihr stehen die positiven oder geoffenbarten Religionen, die auf bestimmten von Menschen gemachten Satzungen beruhen und ihre jeweilige „Wahrheit" in theologischen Lehrsystemen ausdrücken. Diese Offenbarungsreligionen pflegen sich scharf voneinander abzugrenzen, ihre gemeinsame „innere Wahrheit" ist jedoch das Maß an natürlicher Religion, das sie in sich tragen. Über diese Offenbarungsreligionen sagt Lessing: „Alle positiven und geoffenbarten Religionen sind (....) gleich wahr und gleich falsch. (....) Die beste geoffenbarte oder positive Religion ist die, welche die wenigsten konventionellen Zusätze zur natürlichen Religion enthält, die guten Wirkungen der natürlichen Religion am wenigsten einschränkt."[67]

Man sieht hier, zu welchem Maß an innerer Freiheit sich Lessing aufgeschwungen hat, dass er den Machtanspruch der Offenbarungsreligionen so eindeutig zurückweist.

In seiner Schrift *Dass mehr als fünf Sinne für den Menschen sein können* spricht Lessing eine Erkenntnis aus, der jeder Esoteriker nur von ganzem Herzen zustimmen kann: dass der Mensch auch höhere Hellsinne besitzt und nicht bloß die fünf Sinne körperlicher Wahrnehmung. Diese höheren Sinne werden von Lessing nur als Möglichkeit angenommen, als keimhafte Anlagen im Menschen, und er sieht die Zeit ihrer vollständigen Entwicklung in einer sehr fernen Zukunft. So wie die Seele im bisherigen Verlauf ihrer Evolution die fünf körperlichen Sinne entwickelt hat, so mag sie in ihrer künftigen Evolution noch weitere Sinne herausbilden. „Wenn wir nur vier Sinne hätten, und der Sinn des Gesichts uns fehlte, so würden wir uns von diesem eben so wenig einen Begriff machen können, als von einem sechsten Sinne. Und also darf man an der Möglichkeit eines sechsten Sinnes und mehrerer Sinne eben so wenig zweifeln, als wir in jenem Zustande an der Möglichkeit des fünften zweifeln durften. Der Sinn des Gesichts dient uns, die Materie des Lichts empfindbar zu machen, und alle Verhältnisse derselben gegen andere Körper. Wie viel andere dergleichen Materie kann es nicht noch geben, die ebenso allgemein durch die Schöpfung verbreitet ist!"[68]

In dieser Schrift bekennt Lessing auch, aus welchen Quellen er schöpft: „Dieses mein System ist das älteste aller philosophischen Systeme. Denn es ist eigentlich nichts als das System von der Seelenpräexistenz und Metempsychose (= Reinkarnation, wiederholte Erdenleben), welches nicht allein schon Pythagoras und Plato, sondern auch vor ihnen Ägyptier und Chaldäer und Perser, kurz die Weisen des Orients, gedacht haben."[69] An uraltes Mysterienwissen wird hier angeknüpft, an eine Weisheit, die aus dem Osten kommt, sich aber auch harmonisch vermählt mit der geheimen Weisheit des Westens. War es vielleicht Lessings Freimaurertum, das ihm diese Quellen spirituellen Wissens erschlossen hat?

Nach kurzer glücklicher Ehe verwitwet, schrieb Lessing sein Alterswerk, dieses Lehrstück der Humanität auf der Bühne, eine dramatische Parabel in Blankversen: *Nathan der Weise*. Im Zentrum steht hier nochmals der Gedanke, dass die innere Wahrheit der geoffenbarten Religionen stets dieselbe ist, so sehr auch die äußerlichen Formen der Religionen sich voneinander unterscheiden mögen. Inmitten des dritten Aktes steht die berühmte *Ringparabel*, Boccaccios Fabel von den drei Ringen nachempfunden, ein Aufruf zur Toleranz und zur Verständigung zwischen den drei exoterischen Religionen Christentum, Judentum und Islam, die letztlich aus derselben Wurzel entwachsen sind und gemeinsame esoterische Wahrheit enthalten. Schon Boccaccio bringt in der dritten Geschichte des *Decameron* die alte Fabel von den drei Ringen: der Jude weicht Saladins Frage nach der echten Religion aus, indem er von den drei Ringen berichtet, die ein Vater einst seinen drei Söhnen vererbt hat, und die sich so täuschend ähnlich sehen, dass keiner den echten Ring mehr erkennt:

> Vor grauen Jahren lebt' ein Mann im Osten,
> Der einen Ring von unschätzbarem Wert
> Aus lieber Hand besaß. Der Stein war ein
> Opal, der hundert schöne Farben spielte,
> Und hatte die geheime Kraft, vor Gott
> Und Menschen angenehm zu machen, wer
> In dieser Zuversicht ihn trug. Was Wunder,
> Dass ihn der Mann im Osten darum nie
> Vom Finger ließ und die Verfügung traf,
> Auf ewig ihn bei seinem Hause zu
> Erhalten? Nämlich so. Er ließ den Ring
> Von seinen Söhnen dem geliebtesten
> Und setzte fest, dass dieser wiederum
> Den Ring von seinen Söhnen dem vermache,
> Der ihm der liebste sei, und stets der liebste,
> Ohn' Ansehn der Geburt, in Kraft allein
> Des Rings, das Haupt, der Fürst des Hauses werde. –

So kam nun dieser Ring, von Sohn zu Sohn,
Auf einen Vater endlich von drei Söhnen,
Die alle drei ihm gleich gehorsam waren,
Die alle drei er folglich gleich zu lieben
Sich nicht entbrechen konnte. Nur von Zeit
Zu Zeit schien ihm bald der, bald dieser, bald
Der dritte – so wie jeder sich mit ihm
Allein befand und sein ergießend Herz
Die andern zwei nicht teilten – würdiger
Des Ringes, den er denn auch einem jeden
Die fromme Schwachheit hatte, zu versprechen.
Das ging nun so, solang es ging. – Allein
Es kam zum Sterben, und der gute Vater
Kommt in Verlegenheit. Es schmerzt ihn, zwei
Von seinen Söhnen, die sich auf sein Wort
Verlassen, so zu kränken. – Was zu tun?
Er sendet in geheim zu einem Künstler,
Bei dem er nach dem Muster seines Ringes
Zwei andere bestellt und weder Kosten
Noch Mühe sparen hieß, sie jenem gleich,
Vollkommen gleich zu machen. Das gelingt
Dem Künstler. Da er ihm die Ringe bringt,
Kann selbst der Vater seinen Musterring
Nicht unterscheiden. Froh und freudig ruft
Er seine Söhne, jeden insbesondre,
Gibt jedem insbesondre seinen Segen –
Und seinen Ring – und stirbt. –
Kaum war der Vater tot, kommt ein jeder
Mit seinem Ring, und jeder will der Fürst
Des Hauses sein. Man untersucht, man zankt,
Man klagt. Umsonst; der rechte Ring war nicht
Erweislich – fast so unerweislich, als
Uns jetzt – der rechte Glaube. (......)[70]

Der Sinn der hier zitierten Ringparabel liegt klar auf der Hand: die drei Söhne sind die drei exoterischen Religionen Christentum, Judentum und Islam; der Vater ist ihr gemeinsamer Ursprung, der Ring die ihnen allen zugrundeliegende esoterische Wahrheit.

Nachdem *Nathan der Weise* erschienen war, flossen noch zwei weitere Schriften aus Lessings Feder, die beide um Lebensgrundfragen kreisen. Die eine heißt *Ernst und Falk* (1778), ein fiktives Gespräch eines Freimaurers mit einem Nicht-Freimaurer über das Ideal eines Bundes „ohne Unterschied des Vaterlandes, der Religion, des Standes"; die andere trägt den Titel *Die Erziehung des Menschengeschlechts,* das eigentliche Vermächtnis Lessings, eine weitausladende religions- und geschichtsphilosophische Studie, in 100 Paragraphen gegliedert. Visionär sieht Lessing ein neues Geist-Zeitalter am Horizont der Zukunft heraufdämmern. Das Alte und das Neue Testament als die Offenbarungsbücher des Alten Bundes weisen hin auf ein ewiges Evangelium, das kein schriftliches mehr ist, sondern allein im Herzen eines jeden Menschen geschrieben steht. Im kommenden Zeitalter des ewigen Evangeliums wird jeder Mensch nur noch von dem ihm einwohnenden Geist Gottes gelenkt und gelehrt werden. Die Abfolge der positiven Religionen sieht Lessing als eine Art höhere Pädagogik, die auf eine zunehmende Offenbarung des Göttlichen hinarbeitet.

In den Schlussabschnitten der *Erziehung des Menschengeschlechts* lässt Lessing noch einmal den Gedanken der Metempsychosis, den für ihn so wichtigen Reinkarnationsgedanken anklingen. Es lohnt sich, diese Passagen hier ausführlich wiederzugeben: „Eben die Bahn, auf welcher das Geschlecht zu seiner Vollkommenheit gelangt, muss jeder einzelne Mensch (der früher, der später) erst durchlaufen haben. – In einem und eben demselben Leben durchlaufen haben? Kann er in eben demselben Leben ein sinnlicher Jude und ein geistiger Christ gewesen sein? Kann er in eben demselben Leben beide überholet haben? Das wohl nun nicht! – Aber warum könnte jeder einzelne Mensch auch nicht mehr als einmal auf dieser Welt vorhanden gewesen sein? (....) Warum sollte ich nicht so oft wiederkommen, als ich neue Kenntnisse, neue Fertigkeiten zu erlangen geschickt bin? Bringe ich auf *einmal* so viel weg, dass es der Mühe wieder zu kommen etwa nicht lohnet? Darum nicht? – Oder, weil ich es vergesse, dass ich schon da gewesen? Wohl mir, dass ich es vergesse. Die Erinnerung meiner vorigen Zustände würde mir nur einen schlechten Gebrauch des gegenwärtigen zu machen erlauben. Und was ich auf jetzt vergessen *muss*, habe ich denn das auf ewig vergessen? Oder, weil so zu viel Zeit für mich verloren gehen würde? – Verloren? – Und was habe ich denn zu versäumen? Ist nicht die ganze Ewigkeit mein?"[71]

William Blake – Dichter und Visionär

I n William Blake (1757–1827), einem Zeitgenossen Goethes, begegnen wir einer wahrhaft schillernden Persönlichkeit: von Beruf Maler, Illustrator und Kupferstecher, wirkte er, von der Öffentlichkeit kaum wahrgenommen, als Prophet, Revolutionär, Dichter-Philosoph und Visionär – ein Mann der Zukunft und des Kommenden. Deshalb wurde er lange nach seinem Tod als der große Mystiker der englischen Literatur erkannt und gewürdigt, vor allem seit seiner Wiederentdeckung durch William Butler Yeats (Neuausgabe 1893 in drei Bänden). In seinen prophetisch-revolutionären Schriften erschuf er – wie später Tolkien – ein eigenes mythisches Universum, in dem wirkende Göttergestalten die Archetypen der Seele und die schöpferischen Grundtriebkräfte des Lebens versinnbildlichen.

Am 28. Nov. 1757 wird William Blake als drittes von sieben Kindern des Strumpfwarenhändlers James Blake und seiner Frau Catherine in der Broad Street in London geboren. Das Jahr 1757 – vergegenwärtigen wir uns einmal, was für eine Zeit das gewesen ist. Im selben Jahr wie Blake wird Alexander Hamilton, der Mitbegründer der USA, geboren und Joseph de Lafayette, französischer Revolutionär und Kämpfer für die Unabhängigkeit der USA. Im selben Jahr siegten die Preußen bei Leuthen, und Robert Clive begründete durch seinen Sieg bei Plassey die britische Oberherrschaft über Indien. Ein Jahr zuvor, 1756, brach der Siebenjährige Krieg aus, Casanova floh aus den Bleikammern von Venedig, und der Komponist Mozart wurde geboren. Und blicken wir nun vom Jahr 1757 aus in die Zukunft. Neunzehn Jahre später erfolgte die Unabhängigkeitserklärung der späteren USA (4. Juli 1775), 32 Jahre später beginnt mit dem Sturm auf die Bastille die Französische Revolution (14. Juli 1789), und das Jahr 1797 – vierzig Jahre später – sieht bereits den Aufstieg Napoleon Bonapartes. Die Hauptakteure der Französischen Revolution sind um dieselbe Zeit geboren wie William Blake, so Robespierre 1758 und Danton 1759. Es war also eine Zeit des Umbruchs und der Rebellion, in die Blake hineingeboren wurde. Im Laufe seines Lebens sah er die Gründung der USA, den Sieg der Republik in Frankreich, den Aufstieg und Untergang Napoleons, den Aufstieg Englands zur weltbeherrschenden Kolonialmacht und die stürmisch voranschreitende industrielle Revolution.

Als Kind muss William Blake eine geradezu mediale Hellsichtigkeit besessen haben; er habe Engel in einem Baum gesehen und den Propheten Hesekiel auf einer sommerlichen Wiese angetroffen, was ihm natürlich schwerlich jemand glauben wollte. Schulbildung hat er nicht genossen – er entstammte einfachen, ärmlichen Verhältnissen aus dem Londoner Stadtteil Soho – wurde dafür aber im Alter von 10 Jahren auf eine Zeichenschule geschickt, wo er sein Talent voll entfaltete, und mit 15 Jahren dem Kupferstecher James Basire in die Lehre gegeben, für den er ab 1774 Zeichnungen in der Westminsterabtei anfertigte. Die Lehre dauerte sieben Jahre, und sie ermöglichte es Blake, seinen Lebensberuf – den des Graphikers – auszuüben; im Anschluss an die Lehre konnte er noch an der Royal Academy studieren, wo er Freundschaft mit Künstlern wie George Cumberland, John Flaxman und Thomas Stothard schloss.

Nach der Heirat mit Catherine Boucher (geb. 1762) erfolgte die Gründung einer eigenen Druckerei, womit er seinen Lebensunterhalt bestritt, aber auch seine eigenen prophetisch-revolutionären Bücher herausgab. Ein eher geringes Einkommen verdiente sich Blake als

Illustrator. Geschult an Michelangelo, Raffael und Dürer, illustrierte er Gedichte Grays, Miltons *Paradise Lost*, einige Themen Shakespeares, Dantes *Göttliche Komödie*, Youngs *Nachtgedanken* und Teile der Bibel, vor allem das *Buch Hiob*. Im Jahre 1783 erschienen die *Poetischen Skizzen* als Privatdruck – William Blakes erste eigene Dichtung. Sie sind eine Sammlung von frühen Versen, die teilweise seit seinem zwölften Lebensjahr entstanden waren und von John Flaxman und dem Geistlichen Anthony S. Matthew in kleiner, nicht für die Öffentlichkeit bestimmter Auflage gedruckt wurden. Formal noch spürbar unter dem Einfluss des Blankverses und der elisabethanischen Lyrik stehend, sind diese Gedichte doch ganz eigener Prägung und bilden oft schon die Vorstufen späterer Werke.

In seinen frühen programmatisch-philosophischen Schriften, die er 1788 unter dem Titel *Es gibt keine natürliche Religion* und *Alle Religionen sind eine* als „illuminierte Bücher" handkoloriert selbst herausgab, entwickelt Blake eine Theorie der Dichtung, in deren Mittelpunkt der von ihm so genannte „Poetische Genius" steht. Dieser ist eine Art metaphysische Wesenheit, die dem Menschen einwohnt und ihn zu dichterischem Schaffen inspiriert. Blake sagt: „Der Poetische Genius ist der wahre Mensch, und der Körper oder die äußere Gestalt des Menschen geht aus dem Poetischen Genuis hervor. Ebenso leitet sich die Gestalt aller Dinge aus ihrem Genius ab, der von den Alten Engel & Geist & Dämon genannt wird."[72] Der Poetische Genius bedeutet in gewisser Hinsicht also das höhere Selbst des Menschen, das, was Sokrates einst als sein *daimonion* bezeichnete. Ebendieses Selbst, das zugleich ein Prophetischer Genius ist, bringt somit auch alle Religionen hervor, die infolge ihres gemeinsamen Ursprungs eine innere Einheit bilden: „Die Religionen aller Völker leiten sich aus der bei jedem Volk anderen Aufnahme des Poetischen Genius ab, der überall der Geist der Prophezeiung heißt."[73] Deutlich wendet sich der Autor gegen den Rationalismus der Aufklärungsphilosophie, indem er die Beschränktheit der menschlichen *ratio* aufzeigt: „Wer das Unendliche in allen Dingen sieht, sieht Gott. Wer nur das Maß der Vernunft sieht, sieht allein sich selbst."[74] Die *ratio* sei „unfähig, etwas anderes zu tun, als sich immer wieder dumpf im Kreise zu drehen"[75].

1794 erschienen die *Lieder der Unschuld und Erfahrung*, als kolorierte Stiche selbst veröffentlicht. Es sind sehr frühe lyrische Stücke, meist volksliedhaft, aber manche von echter Sozialkritik durchdrungen, die aufzeigen, dass Blake ein Herz hatte für die Armen und Unterdrückten, für diejenigen, die der ungehemmte Frühkapitalismus als Opfer am Wegrand zurückgelassen hatte. Romantik und sozialrevolutionäres Potential sind gleicherweise enthalten in diesen Liedern. Und doch: „Mystik der kindlichen Einfalt" nennt Thomson in seinem Blake-Essay von 1884 diese Frühlyrik Blakes, die immerhin schon mit dem 12. Lebensjahr des Dichters beginnt.

Von ganz anderer Art jedoch sind die *prophetischen Schriften* Blakes, mystisch-allegorische Verdichtungen, im Kampf gegen die Aufklärungsphilosophie entstanden. Diese schwer verständlichen Schriften, in freien Rhythmen gedichtet, haben Blake einerseits zu großer Bekanntheit verholfen, ihm andererseits einen eher zweifelhaften Ruf eingebracht. Niemand konnte so recht etwas anfangen mit diesem eigentümlichen Wortgewebe, in dem Blake seine eigene, private Götter-Mythologie entwickelt. Die Serie fängt an mit *The Book of Thel* (1789), und dann kommen die prophetischen Bücher: *The Visions of the Daugthers of Albion* (1793), *America a Prophecy* (1794), *Europe a Prophecy* (1794), *The first Book of Urizen* (1795), *The Book of Ahanis* (1795), *The Book of Los* (1795) und *The Song of Los* (1795). Unter dem Einfluss Miltons folgen dann noch mächtigere Versepen: *The four Zoas* (Die vier Seelenkräfte), später *Vala* genannt (erst 1893 veröffentlicht), *Jerusalem* (1804), *Milton* (1804). Und nicht zu vergessen: *Die Hochzeit von Himmel und Hölle*, Blakes Hauptwerk, 1790-92 entstanden; er versucht dort, die existentiellen Gegensätze, wie etwa Gut und Böse, Himmel und Hölle, Geist und Materie, frei von jeder moralischen Wertung als notwendige Ergänzungen innerhalb eines größeren Ganzen zu beschreiben. Dabei macht er sich oft zum Anwalt der Hölle und Satans; manches klingt schon wie eine Vorahnung von Friedrich Nietzsche („Jenseits von Gut und Böse" / „Umwertung der Werte").

Die vier Seelenkräfte, *Zoas* genannt, bilden bei Blake das

Grundsystem: *Urizen* als der Geist, das Auge, der Aufklärerver-
stand; *Luvah* als die Liebe, das Herz, dessen Ausdruck die Dichtkunst ist. *Tharmas* ist die vegetative Wachstumskraft, den Lenden
und der Zunge zugeordnet. *Urthona* ist der menschliche Instinkt, von
den niedrigsten Stufen bis zur höchsten schöpferischen Intuition.
Wenn alle vier Zoas, jede in ihrem Reich, walten und sie Einigkeit
untereinander halten, befindet sich der Mensch in Eden, also im
Zustand der ursprünglichen Schöpfungs-Harmonie. Sobald aber
eine der Zoas sich verschiebt, in dem Sinne, dass sie über die anderen herrscht, bricht das Chaos ein. Der Mensch ist aus dem Gleich-
gewicht geraten. Blake kennt noch weitere Unterteilungen in jeder
Zoas; außerdem kann jede sich in die Polarität von Männlich-
Weiblich aufspalten:

Da ist zunächst einmal *Urizen*, ein dem finsteren Saturn ähnlicher Gott: sein Name besagt sowohl *„your reason"* (dein Verstand)
als auch *„horizon"* (Horizont), dies Wort im Sinne von Begrenzung,
Einengung. Ähnlich wie in den Systemen der Gnosis ist es nicht der
höchste transzendente Gott, der die Welt erschafft, sondern eine
niedere Gottheit, die nur Schöpfer des Materiellen ist und nichts
sonst. Für die Menschen schafft dieser Gott ein System der Gefangenschaft. Also der gnostische *Jaldabaoth* – das ist Urizen, der den
Fall in die Materie bewirkt: er heißt auch „falscher Himmelsdämon",
„Menschenvater" und „Sternenkönig". Blake hat ihn in einer seiner
Graphiken, die sich bis heute großer Popularität erfreut, als den
„Alten der Tage" gekennzeichnet.

Da alles seine männlich-weibliche Polarität hat, geht aus Urizen
sein weiblicher Gegenpol hervor, *Ahania*, der sich abspaltende
weibliche Teil von Urizens Seele, seine Anima, symbolisch für die
von der Vernunft abgestoßene Freude. Die Freude ist sozusagen
das *alter ego* der Vernunft. Als Symbol steht Urizen sowohl für die
Aufklärungsphilosophie als auch für eine sehr gesetzestreue mosai-
sche Religion, wie sie zu Blake's Lebzeiten in den zahlreichen
christlichen Freikirchen Gestalt angenommen hat.

Urthona, im Norden gelegen, ist die Imagination, und diese ma-
nifestiert sich in Gestalt des *Los*, des „ewigen Propheten", der den

schöpferischen Impuls in Prophetie und Dichtung verkörpert; er erinnert wohl etwas an den griechischen Apollon, sein Name ist das lateinische *Sol* (die Sonne) rückwärts gelesen. Aber solche Wortspielereien sind typisch für Blake. Los' weiblicher Gegenpol ist *Enitharmon*, in ihrer gefallenen irdischen Form der selbstische weibliche Wille. Der erstgeborene Sohn von beiden ist *Orc*, der rote Dämon, die feurige Säule – der Geist der Revolution, der Rebellion. Der Name Orc kommt vom englischen *roc(k)*, der Fels, und vom lateinischen *orcus*, die Hölle (hat Tolkien von dort die Inspiration für seine „Orks" bekommen?). Urthona hat noch eine weibliche Inkarnation: *das schattige Weib*, in ihrer irdischen Form *Vala*, die Natur; die gemeinsame Tochter von Los und Enitharmon ist *Oothoon*, die das Verlangen nach freier Liebe verkörpert. In der prophetischen Schrift *Visionen der Töchter Albions* (1793) begegnen wir ihr als der „sanften Seele Amerikas", also als einer selbstbewusst-emanzipierten Frau, die sich nach freier Liebe sehnt, dabei jedoch am Widerstand des patriarchalischen Systems scheitert. Die Schrift beginnt mit folgenden Versen:

Versklavt weinen die Töchter Albions: Eine zitternde Klage
Auf ihren Bergen, in ihren Tälern Seufzer nach Amerika.
Denn Oothoon, die sanfte Seele Amerikas, streifte traurig
Durch die Täler Leuthas und suchte Blumen zu ihrem Trost,
Und sie sagte zu einer leuchtenden Ringelblume in Leuthas Tal:
„Bist du eine Blume? Bist du eine Nymphe? Ich sehe dich
Bald als Blume, bald als Nymphe! Ich wage nicht,
Dich von deinem taufeuchten Bett zu pflücken!"
Die goldene Nymphe entgegnete: „Pflücke meine Blume,
Sanfte Oothoon! Eine andere Blüte wird sich öffnen,
Weil die Seele des süßen Entzückens niemals vergehen kann."
Sie schwieg & verschloss ihren goldenen Schrein.
Da brach Oothoon die Blume und sagte: „Ich pflücke dich
Von deinem Bett, süße Blume, und lege dich hier
Zwischen meine Brüste, damit du glühst, und so
Wende ich mich dorthin, wo ich mit ganzer Seele suche.[76]

Dieses Geschehen hat eine tiefere allegorische Bedeutung. Indem sie die Blume pflückt, tritt Oothoon aus den Zustand der Unschuld in den der Erfahrung, aber sie kann ihren Impuls nicht durchsetzen. Denn sie wird von Bromion gefangen genommen, von Theotormon zurückgewiesen, und am Ende klagen sie alle über ihr selbstverschuldetes Ungemach. Die „Töchter Albions" – das sind die Frauen Englands, ja Europas, die ihre Sexualität nicht ausleben können, da sie Gefangene eines patriarchalischen Systems sind. Blake war durchaus ein Anwalt der sexuellen Befreiung und der freien Liebe, daneben auch ein Parteigänger der Französischen Revolution, also ein Radikaler mit – aus heutiger Sicht – sehr modernen Ideen. Im Grunde genommen war er seiner eigenen Zeit meilenweit voraus. In seinen Schriften finden sich nicht nur spirituelle und psychologische Einsichten, sondern auch politische Botschaften. So feierte er die amerikanische Unabhängigkeits-Bewegung und sah in „Amerika" das gelobte Land der Freiheit schlechthin.

Ein Satz, der bei William Blake immer wieder vorkommt, lautet: „Denn alles, was lebt, ist heilig"[77]. Wenn alles Lebendige heilig ist, dann ist der Körper nicht geringer einzuschätzen als die Seele, die Sexualität nicht geringer als die Spiritualität, die Frau nicht geringer als der Mann, die Phantasie nicht geringer als der Verstand. Alles läuft bei Blake darauf hinaus, diese vermeintlichen Gegensätze zu integrieren, sie zusammenzuschmelzen zu einer neuen Ganzheit. Mit diesen Ideen blieb Blake ein Einsamer, ein Fremder in seiner eigenen Zeit. Es ist kein Wunder, dass sein zutiefst allegorisches Werk, das auch Berührungspunkte mit der Gnosis aufweist, nur schwer verstanden wurde – der erste, der den Sinn dieser Mystik durchleuchtet hat, war Ch. Swineburne in seinem Blake-Essay von 1868. In den 60er Jahren des 20. Jahrhunderts setzte mit den *Beat Poets* eine erneute, populäre Blake-Begeisterung ein, an die heute Filmemacher, Dichter und New-Age-Propheten anknüpfen. Allen Ginsberg hoffte, „dass die musikalische Artikulation von Blakes Lyrik vom elektronischen illuminierten demokratischen Ohr der Rockpopmusikmassenmedien erhört und einen ewigen Lyrikstandard setzen wird (.....), um dann alle Seelen dazu zu ermutigen, dass sie auf ihr

eigenes Genie und ihre Inspiration vertrauen."[78] Auch die amerikanische Popgruppe *Doors* knüpft an William Blake an, da dieser von
den „Pforten der Wahrnehmung", den *doors of perception* sprach. In
seinem Hauptwerk *Die Hochzeit von Himmel und Hölle* schrieb er:

> Wenn die Pforten der Wahrnehmung geläutert würden,
> würde jedes Ding dem Menschen erscheinen, wie es ist,
> unendlich.[79]

Goethes Gedicht
'Die Geheimnisse'

Im Jahre 1784, kurz vor Beginn seiner italienischen Reise, schrieb der fünfunddreißigjährige Goethe ein längeres, Fragment gebliebenes Gedicht, *Die Geheimnisse*[80], in dessen Mittelpunkt die Imagination des von Rosen umschlungenen Kreuzes steht. Man kennt dies Symbol als das *mystische Rosen-Kreuz*, und es liefert uns den Schlüssel zur Deutung des Gedichts. Man kann es am ehesten als die in Allegorien verschlüsselte Darstellung des rosenkreuzerischen Einweihungsweges verstehen. Die äußere Handlung erinnert sehr an die *Chymische Hochzeit Christiani Rosencreutz* von J. V. Andreae (1616): Da wird der Pilger Markus auf die Reise geschickt, und nach langen mühevollen Wanderungen erreicht er ein Schloss, in dem sich eine Bruderschaft von Auserwählten zusammenfindet. Es unterliegt keinem Zweifel, um welche Bruderschaft es sich hier handelt; denn über der verschlossenen Pforte des Schlosses leuchtet das bekannte Emblem der Rosenkreuzer: *„Er sieht das Kreuz, mit Rosen dicht umschlungen, / Wer hat dem Kreuze Rosen zugesellt?"*

Und wie er nun den Gipfel ganz erstiegen,
Sieht er ein nahes, sanft geschwungnes Tal.
Sein stilles Auge leuchtet von Vergnügen;
Denn vor dem Walde sieht er auf einmal
In grüner Au' ein schön Gebäude liegen,
Soeben trifft's der letzte Sonnenstrahl;
Er eilt durch Wiesen, die der Tau befeuchtet,
Dem Kloster zu, das ihm entgegenleuchtet.

Schon sieht er dicht sich vor dem stillen Orte,
Der seinen Geist mit Ruh und Hoffnung füllt,
Und auf dem Bogen der geschlossnen Pforte
Erblickt er ein geheimnisvolles Bild.
Er sieht und sinnt und lispelt leise Worte

Der Andacht, die in seinem Herzen quillt;
Er sieht und sinnt, was hat das zu bedeuten?
Die Sonne sinkt, und es verklingt das Läuten.

Das Zeichen sieht er prächtig aufgerichtet,
Das aller Welt zu Trost und Hoffnung steht,
Zu dem viel tausend Geister sich verpflichtet,
Zu dem viel tausend Herzen warm gefleht,
Das die Gewalt des bittren Tods vernichtet,
Das in so mancher Siegesfahne weht:
Ein Labequell durchdringt die matten Glieder,
Er sieht das Kreuz und schlägt die Augen nieder.

Er fühlet neu, was dort für Heil entsprungen,
Den Glauben fühlt er einer halben Welt;
Doch von ganz neuem Sinn wird er durchdrungen,
Wie sich das Bild ihm hier vor Augen stellt:
Er sieht das Kreuz mit Rosen dicht umschlungen.
Wer hat dem Kreuze Rosen zugesellt?
Es schwillt der Kranz, um recht von allen Seiten
Das schroffe Kreuz mit Weichheit zu begleiten.

Das Schloss, das der Pilger Markus betritt, ist ein rosenkreuzeri-
sches Initiations-Zentrum. Früh in seinem Leben kam Goethe mit
rosenkreuzerisch-alchemistischen Ideen in Berührung, und diese
Esoterik bildet den Mittelpunkt seines dichterischen Schaffens. Goethe war ein rosenkreuzerischer Eingeweihter. In seiner bekannten
Autobiographie, *Dichtung und Wahrheit*, erwähnt er nicht nur den
Rosenkreuzer-Arzt Dr. Friedrich Merz, der den damals Neunzehn-
jährigen, Student in Leipzig, von der Tuberkulose heilte; er gibt uns
überdies auch Einblick in den pietistischen Lesekreis um Frau
Susanne von Klettenburg (1723–1774), in dem Werke über Alche-
mie, Rosenkreuzertum und Kabbala gemeinsam gelesen wurden.
Insbesondere wird in diesem Zusammenhang des aus der Feder
Georg Wellings stammenden *Opus Mago-Cabbalisticum* (1716) ge-

dacht, das – zusammen mit anderen, ähnlichen Werken – die Hauptquelle des *Ordens der Gold- und Rosenkreuzer* bildete.

Das erste Werk, das im Namen dieses wohl zu Anfang des 18. Jahrhunderts entstandenen Ordens gedruckt wurde, hieß *Die wahrhafte und vollkommene Bereitung des philosophischen Steins der Brüderschaft aus dem Orden des Gülden- und Rosen-Creutzes* (1710). Später drang diese Strömung in die Freimaurer-Logen ein: die Großloge „Zu den 3 Weltkugeln" geriet bald völlig unter ihren Einfluss; zu ihren berühmtesten Mitgliedern gehörten der Kronprinz Friedrich Wilhelm und der spätere Staatsminister Wöllner. In den Jahren von 1786 bis 1796 lag die Leitung des Ordens in den Händen des bekannten Magnetiseurs Franz Anton Messmer (1734–1815). Im Falle Goethes wird eine Mitgliedschaft bei den Gold- und Rosenkreuzern vermutet; mit Sicherheit gehörte er einigen Freimaurer-Logen an, so der „Strikten Observanz" und dem 1776 in Ingolstadt von Adam Weishaupt gegründeten Illuminaten-Orden, wo er den Ordensnamen *Abaris* trug. Eine ganze Reihe von Goethes Gedichten sind nur als Logengedichte zu verstehen; so etwa das mit dem Titel *Symbolum*:

> Doch rufen von drüben
> Die Stimmen der Geister,
> Die Stimmen der Meister:
> Versäumt nicht zu üben
> Die Kräfte des Guten!
> Hier winden sich Kronen
> In ewiger Stille,
> Die sollen mit Fülle
> Die Tätigen lohnen!
> Wir heißen euch hoffen.[81]

Ja, Goethe war sich wohl bewusst, dass „von drüben" – aus der Geistigen Welt – die Stimmen der Meister rufen; er wusste, dass in der Welt des Geistes Siegeskränze für den immerfort Tätigen gewunden werden. Auch die wahre Rosenkreuzer-Bruderschaft besteht in den Sphären des Geistes. Jede irdische Gruppierung, die sich „Rosenkreuzer" (oder ähnlich) nennt, kann nie mehr sein als eine Abstrahlung oder ein Reflex jenes wahren *Ordens des mystischen Rosen-Kreuzes*, der als Bund der aufgestiegenen Meister-Seelen in den Höhen des Geistes überzeitlich und ewig präexistiert. Dieses wahre, esoterische Rosenkreuzertum hat keinen Anfang in Zeit und Geschichte; es ist so alt wie das Menschengeschlecht, und es wird fortdauern bis ans Ende aller Tage. Das mystische Rosen-Kreuz ist ein erhabenes Symbol für geistige Wiedergeburt. Ein „Rosenkreuzer" (im strikt esoterischen Sinne) ist ein geistig Wiedergeborener, ein geistig Erwachter, ein zu seinem höheren Selbst Gekommener; und in diesem Sinne war auch Goethe ein „Rosenkreuzer". – Dass Goethe sich einer verschwiegenen Bruderschaft zugehörig fühlte, dass er selbst ein „Geheimnis" besaß, geht recht schön aus seinem Logengedicht *Verschwiegenheit* hervor:

> Heil uns! Wir verbundne Brüder
> Wissen doch, was keiner weiß;
> Ja, sogar bekannte Lieder
> Hüllen sich in unsern Kreis.
> Niemand soll und wird es schauen,
> Was einander wir vertraut;
> Denn auf Schweigen und Geheimnis
> Ist der Tempel aufgebaut.[82]

In das Zentrum eines überzeitlichen, rein geistigen Rosenkreuzer-Ordens wollte uns Goethe in seinem Gedicht *Die Geheimnisse* führen. Das Kloster oder Schloss ist eine reine Imagination, ein Geistes-Bild; der Orden besitzt kein physisches Zentrum in dieser Welt, sondern vielmehr ein Zentrum im Inneren eines jeden Erwachten, das heißt echten „Rosenkreuzers", der – um den Namen im ganz wörtlichen Sinne aufzufassen – die ewigen Rosen des Geistes auf dem Kreuz der grobstofflichen Materie zum Erblühen bringt. Dass der Gründer des Ordens *Humanus* heißt, kommt nicht von ungefähr – ein Symbolname ohne allen Zweifel, meint dieser Name *den Menschen* schlechthin, aber nicht den diesseitigen, irdischen, sondern den zu seiner Gott-Natur erwachten Geistes-Menschen. *Humanus* ist – im Kern und Wesen – jeder von uns: das (in jedem Menschen eingewurzelte) Vermögen, sich über die Begrenzungen der sterblichen Menschennatur zu erheben, um mit dem Geistig-Göttlichen als dem höheren Teil seines Selbst eins zu werden.

> Und fragst du mich, wie der Erwählte heiße,
> Den sich das Aug' der Vorsicht ausersah?
> Den ich zwar oft, doch nie genugsam preise,
> An dem so viel Unglaubliches geschah?
> *Humanus* heißt der Heilige, der Weise,
> Der beste Mann, den ich mit Augen sah:
> Und sein Geschlecht, wie es die Fürsten nennen,
> Sollst du zugleich mit seinen Ahnen kennen.'

In *Die Geheimnisse* wird auch der *Weg des Humanus* beschrieben, der Weg seiner Selbst-Werdung, der ihn zur höchsten Würde des Ordens hinführt – es ist ein *Weg des selbstlosen Dienens in der Welt*. Kein Wort von Askese, von Kasteiung, von Rückzug aus der Welt; stattdessen die Beschreibung eines ganz dem Dienst am Mitmenschen gewidmeten Lebens: ein Weg des Heilens, des Versöhnens, wodurch selbst die verstockte Hartherzigkeit des Vaters überwunden wird. Ganz und gar Mythisches klingt an, wenn der Auserwählte schon als Knabe die Schwester von einer giftigen Natter befreit; wenn dort, wo er das Schwert in den Fels stößt, ein reißender Quell entspringt. Auch in der Krankenpflege hat er sich mit Erfolg geübt („Was er berührte, musste gleich genesen, / Es freute sich der Kranke seiner Hand"); wir erinnern uns, dass in der *Confessio Fraternitatis* (1615) die Krankenpflege zur Pflicht eines jeden Rosenkreuzers erhoben wird. Er war allen zu Diensten, trug die Last aller, und am Schluss dieses Weges heißt es dann: *„Und so trat er geprüft in einen Orden, / Zu dem er durch Geburt berechtigt worden."*

> Die Streiter musst' er in das Feld begleiten,
> Zuerst zu Fuß bei Sturm und Sonnenschein,

Die Pferde warten und den Tisch bereiten
Und jedem alten Krieger dienstbar sein.
Gern und geschwind lief er zu allen Zeiten
Bei Tag und Nacht als Bote durch den Hain;
Und so gewohnt, für andre nur zu leben,
Schien Mühe ihm nur Fröhlichkeit zu geben.

Wie er im Streit mit kühnem, muntern Wesen
Die Pfeile las, die er am Boden fand,
Eilt' er hernach, die Kräuter selbst zu lesen,
Mit denen er Verwundete verband:
Was er berührte, musste gleich genesen,
Es freute sich der Kranke seiner Hand;
Wer wollt' ihn nicht mit Fröhlichkeit betrachten!
Und nur der Vater schien nicht sein zu achten.

Leicht, wie ein segelnd Schiff, das keine Schwere
Der Ladung fühlt und eilt von Port zu Port,
Trug er die Last der elterlichen Lehre;
Gehorsam war ihr erst und letztes Wort;
Und wie den Knaben Lust, den Jüngling Ehre,
So zog ihn nur der fremde Wille fort.
Der Vater sann umsonst auf neue Proben,
Und wenn er fordern wollte, musst' er loben.

Zuletzt gab sich auch dieser überwunden,
Bekannte tätig seines Sohnes Wert;
Die Rauhigkeit des Alten war verschwunden,
Er schenkt' auf einmal ihm ein köstlich Pferd;
Der Jüngling ward vom kleinen Dienst entbunden,
Er führte statt des kurzen Dolchs ein Schwert:
Und so trat er geprüft in einen Orden,
Zu dem er durch Geburt berechtigt worden.

Der Weg des Humanus ist also *der Menschen-Weg* schlechthin!
Gerade hierin, in der Betonung des tätigen In-der-Welt-Wirkens, liegt
der Unterschied zwischen dem Goethe-Weg und dem Buddha-Weg,

zwischen dem Westlichen und dem Östlichen Weg überhaupt. Indessen besitzt das Gedicht *Die Geheimnisse* auch einen Anklang an die Gralserzählung Wolfram von Eschenbachs. Als Goethe mehr als 30 Jahre nach Veröffentlichung des Gedichtes, im Jahre 1816, von jungen Menschen nach dem Symbolsinn der Dichtung gefragt wurde, ließ er durchblicken, „dass der Leser durch eine Art von ideellem Montserrat geführt werden, und, nachdem er durch die verschiedenen Regionen der Berge, Felsen und Klippenhöhen seinen Weg genommen, gelegentlich wieder auf weite und glückliche Ebenen gelangen sollte. Einen jeden der Rittermönche würde man in seiner Wohnung besucht und durch Anschauung klimatischer und nationaler Verschiedenheiten erfahren haben, dass die trefflichen Männer von allen Enden der Erde sich hier versammeln mögen, wo jeder von ihnen Gott auf seine eigenste Weise im stillen verehre."[83]

Rosenkreuzerische und gralsmythologische Motive vermischen sich hier; der Name *Montserrat* – so heißt ein Bergkloster im katalonischen Randgebiet Spaniens – erinnert doch sehr an den Montsalvatsch der Gralssage. In Wolfram von Eschenbachs Parzival-Versepos wird die ehemalige Fluchtburg der Katharer in Südfrankreich, *Montsalvat*, zur geheimnisumwobenen Gralsburg, wo Ritter aus allen Ländern der Erde einträchtig zusammenleben, vereint durch den Dienst am Mysterium des Grals. Der Orden besitzt also durchaus kosmopolitischen Charakter. So auch bei Goethe: er lässt nämlich durchblicken, dass die 12 Ordensbrüder im Rosenkreuzer-Kloster symbolisch 12 verschiedene „Denk- und Empfindungsweisen", ja 12 Religionen oder Stufen religiöser Entwicklung darstellen sollen, die sich trotz ihrer Verschiedenheit und Zeitbedingtheit, trotz ihrer unterschiedlichen nationalen und kulturellen Prägungen alle um den gemeinsamen Wahrheitskern – verkörpert durch die Person des Humanus – gruppieren, darin gerade ihre innere Einheit erkennend. Und so wird bei Goethe das Sanktuarium, das heilige Innerste des Rosenkreuzer-Klosters beschrieben:

> Kein Schmuck war hier, die Augen zu verblenden,
> Ein kühnes Kreuzgewölbe stieg empor,

Und dreizehn Stühle sah er an den Wänden
Umher geordnet, wie im frommen Chor,
Gar zierlich ausgeschnitzt von klugen Händen;
Es stand ein kleiner Pult an jedem vor.
Man fühlte hier der Andacht sich ergeben
Und Lebensruh und ein gesellig Leben.

Zu Häupten sah er dreizehn Schilde hangen,
Denn jedem Schild war eines zugezählt.
Sie schienen hier nicht ahnenstolz zu prangen,
Ein jedes schien bedeutend und gewählt,
Und Bruder Markus brannte vor Verlangen,
Zu wissen, was so manches Bild verhehlt;
Im mittelsten erblickt er jenes Zeichen
Zum zweitenmal, ein Kreuz mit Rosenzweigen.

Goethe wollte in seinem Gedicht *Die Geheimnisse* zu erkennen geben, „dass jede besondere Religion einen Moment ihrer höchsten Blüte und Frucht erreiche, worin sie jenem obern Führer und Vermittler (= Humanus) sich angenaht, ja sich mit ihm vollkommen vereinigt. Diese Epochen sollten in jenen zwölf Repräsentanten verkörpert und fixiert erscheinen, so dass man jene Anerkennung Gottes und der Tugend, sie zeige sich in noch so wunderbarer Gestalt, doch immer aller Ehren, aller Liebe würdig gefunden haben. Und nun konnte nach langem Zusammenleben Humanus gar wohl von ihnen scheiden, weil sein Geist sich in ihnen allen verkörpert, allen angehörig, keines körperlichen Gewandes mehr bedarf."[84] Das Bild eines sowohl esoterischen als auch kosmopolitischen Ordens mutet uns heute wie eine kühne Vorwegnahme der 1875 in New York gegründeten Theosophischen Gesellschaft an, die ebenfalls alle Religionen auf einen gemeinsamen Wahrheitskern zurückführen will. Auch über der Theosophischen Gesellschaft schwebt das Sinnbild des mystischen Rosen-Kreuzes; auch sie ist nichts als der irdische Widerschein eines überzeitlichen himmlischen Ordens, der als Weiße Loge seit Anbeginn aller Zeiten existiert.

Goethe besaß durchaus Kontakt zu jenen jenseitigen Meistern, die sich die Höherentwicklung der Menschheit zum Ziel gesetzt haben. Kehren wir aber wieder zu dem Gedicht *Die Geheimnisse* zurück. Wichtig sind noch folgende Hinweise Goethes: „Ereignet sich nun diese ganze Handlung in der Karwoche, ist das Hauptkennzeichen dieser Gesellschaft ein Kreuz, mit Rosen umwunden, so lässt sich leicht voraussehen, dass die durch den Ostertag besiegelte ewige Dauer erhöhter menschlicher Zustände auch hier bei dem Scheiden des Humanus sich tröstlich würde offenbart haben. Damit aber ein so schöner Bund nicht ohne Haupt und Mittelsperson bleibe, wird durch wunderbare Schickung und Offenbarung der arme Pilgrim Bruder Markus in die hohe Stelle eingesetzt, der ohne ausgebreitete Umsicht, ohne Streben nach Unerreichbarem, durch Demut, Ergebenheit, treue Tätigkeit im frommen Kreise gar wohl verdient, einer wohlwollenden Gesellschaft, solange sie auf der Erde verweilt, vorzustehen. Wäre dieses Gedicht vor dreißig Jahren, wo es ersonnen und angefangen worden, vollendet erschienen, so wäre es der Zeit einigermaßen vorgeeilt."[85]

Der Hinweis, dass die ganze Handlung „in der Karwoche" stattfindet, ist wichtig; er verweist uns nämlich auf die zu erwartende *Auferstehung* des Humanus; diese ist das zukünftige, durch Kreuz und Rose symbolisierte, österliche Heilsereignis! Bis dahin muss der Pilgrim Markus die Leitung des Bundes übernehmen, da kein anderer für ein solches Amt so geeignet ist wie er; er kommt in das Kloster als ein Berufener, ähnlich wie Parzival in die Gralsburg gelangt mit dem Auftrag, selber dort Gralskönig zu werden. So trägt Markus auch Parzival-Züge. Humanus ist jedoch kein Amfortas, kein Gefallener, sondern im Gegenteil ein in die Ewigkeit entrückter geistiger Meister, ein Christian Rosencreutz, der noch aus den Gefilden der Geistigen Welt die Geschicke seiner irdischen Bruderschaft leitet – und dessen dereinstige Wiederkehr jedem Ordens-Geweihten innere Gewissheit ist.

Die Geheimnisse von Goethe sind mehr als bloß ein freimaurerisch-rosenkreuzerisches Fragment; es lebt etwas Überzeitliches, ja Zukunftsweisendes in diesem Gedicht. Vergangenheit, Gegenwart und Zukunft vermischen sich in ihm; der Gralsmythos ist ebenso darin enthalten wie die Chymische Hochzeit, die Freimaurerei ebenso wie die Vorahnung einer künftigen Welt-Bruderschaft im Geiste. Gewiss wäre das Gedicht seiner Zeit vorausgeeilt, wenn es schon 1784 vollständig veröffentlicht worden wäre; es musste Fragment bleiben, weil nicht jedes „Geheimnis" gleich ganz gesagt werden kann. Jeder Versuch einer Deutung muss Stückwerk bleiben; denn letzten Endes gilt:

> Doch glaube keiner, dass mit allen Sinnen
> Das ganze Lied er je enträtseln werde.

Schillers ‚Theosophie des Julius'

D ie von Friedrich Schiller (1759–1805) verfasste *Theosophie des Julius* gehört ohne Zweifel zu den Perlen der esoterischen Weltliteratur. Sieht man in Schiller lediglich den Weimarer Klassiker, der – Goethe gleich und ebenbürtig – als ein Inbegriff für deutsche Literatur und Dichtung überhaupt dasteht, würde man einen solchen Text von ihm gar nicht erwarten. Ein kleiner, unauffälliger Text, der eher am Rande seines Werkes steht, eine Jugendschrift offensichtlich, nur Wenigen überhaupt bekannt, offenbart sie eine ganz andere Seite des Klassikers, den man vielleicht allzu sehr vermarktet und zur Ikone gemacht hat.

Schiller wurde in erster Linie als Dramaturg bekannt, als Theaterdichter, der mit Stücken wie *Die Räuber*, *Kabale und Liebe*, *Don Carlos* über *Wallenstein*, *Maria Stuart* und *Die Jungfrau von Orleans* bis hin zu *Wilhelm Tell* eine Popularität ohnegleichen erlangt hat. Auch mit Gedichten wie *Die Kraniche des Ibykus* und *Die Glocke*, deren pädagogische Absicht unverkennbar ist, wenngleich man über ihren lyrischen Wert geteilter Ansicht sein kann, hat Schiller eine geradezu ungeheure Breitenwirkung erzielt, die ihm einen festen Platz im deutschen Bildungsgut und im Deutschunterricht des angehenden Abiturienten sicherte.

Aber vergessen wir nicht, Schiller war auch sehr vielseitig. Von Beruf ursprünglich Regimentsarzt, also Mediziner, später dann Historiker, der 1788–95 als Professor für Geschichte in Jena über die *Geschichte des Dreißigjährigen Krieges* und die *Geschichte des Abfalls der Niederlande* dozierte, betätigte er sich auch als Theaterdichter, Herausgeber einer Zeitschrift (*„Die Horen"*) und nicht zuletzt als Philosoph, der sich an Immanuel Kant orientierte und damit eindeutig der Aufklärung zugerechnet werden muss. Dabei steht bei ihm im Mittelpunkt ein unbändiger Freiheitswille, ein Aufbegehren gegen Tyrannei und Despotismus sowie allgemein der Wunsch, auf die breiten Volksmassen Einfluss zu gewinnen. Seine Popularität verdankt er in erster Linie dem Umstand, dass er seine Stimme gegen die Unterdrückung erhob; das war in einer Zeit, da der Thron des Absolutismus zu wanken begann, genau das, was man hören wollte. Friedrich Schiller war im Grunde genommen ein Revolutionär – und zwar einer, der sich künstlerischer Mittel bediente, um seinem Freiheitswillen Ausdruck zu verleihen.

Und welche Rolle spielt bei all diesem Religion, Theosophie, Mystik? Und welchen Stellenwert hat *Die Theosophie des Julius*, diese kleine unbekannte Jugendschrift, im Gesamtwerk Schillers? Können wir überhaupt Theosophie erwarten bei einem Menschen, dessen Sinn so ganz ins Exoterische gerichtet war? Die *Theosophie des Julius* ist zunächst einmal ein Teil der *Philosophischen Briefe*. So lautet der Titel einer Reihe von fiktiven Briefen Schillers und Christian Gottfried Körners, die 1786 in der Zeitschrift *Thalia* erschienen sind. Im Zentrum des Briefwechsels stehen die beiden Personen Raphael und Julius, der sich durch die Belehrungen des ersteren von seiner Theosophie entfernt hat, dadurch aber in eine existenzielle Krise geraten ist.

Im Grunde genommen geht es darum, dass der Aufklärer Raphael den jungen Julius von seiner theosophisch-kosmologischen Schwärmerei zu heilen versucht. Für Julius ist dieser Prozess sehr schmerzhaft; denn seine Schwärmerei war bislang reines Empfinden, nun aber muss er durch die harte Schule des Denkens gehen. Dabei kommt ein Prozess in Gang, den Schiller schon mehrfach thematisiert hat, und den man als die „Entzauberung der Welt" bezeichnen kann.

Schiller hat sich schon in seinem Gedicht *Die Götter Griechenlands* sehr darüber beklagt, dass diese wunderbare, von Göttern und Geistwesen durchlebte Welt, wie sie etwa in der griechischen Mythologie zum Ausdruck kommt, der Gewalt des Verstandesdenkens weichen musste – zurück blieb nur eine sinnleere, entgötterte, nur noch als kausalen Mechanismus verstandene Welt, in der für Zauber, Mystik, Transzendenz kein Raum blieb. Eine solche Welt gleicht einer selbständig ablaufenden Maschine, die keinen Gott mehr braucht, um existieren zu können. Dies ist zweifellos das Bild der Welt, das die unter dem Zeichen der Aufklärung stehende moderne Wissenschaft seit dem 18. Jahrhundert entworfen hat. Zu Schillers Lebzeiten war dieses Weltbild gerade neu aufgekommen, gefördert durch den Fortschritt der Naturwissenschaften, und bis heute besitzt dieses materialistisch-mechanistische Weltbild noch unbeschränkte Gültigkeit.

Dies also ist der geistesgeschichtliche Hintergrund, vor dem der Briefwechsel zwischen Raphael und Julius zu sehen ist. Und zweifellos gibt es auch einen biographischen Hintergrund, denn Julius ist Friedrich Schiller und Raphael dessen Freund Christian Gottfried Körner (1756–1831). Dieser, ein Oberkonsistorialrat in Leipzig, war einer der vertrautesten und einflussreichsten Freunde Schillers; später gab er auch dessen Gesammelte Werke heraus. Als Schillers finanzielle Lage völlig hoffnungslos geworden war, sah er keinen anderen Ausweg, als nach Leipzig zu unbekannten Freunden zu fliehen; im April 1785, gerade erst 26 Jahre als, kam er dort an und wurde von Körner herzlich aufgenommen. **Auf Körners Anregung hin schrieb Schiller seine bekannte *Ode an die Freude* für die Freimaurerloge, der Körner als Mitglied angehörte. Dass der geistige Austausch mit Körner für den jungen Schiller sehr wichtig war, sieht man daran, dass in seinen *Philosophischen Briefen*, die er ab 1786 in der Zeitschrift *Thalia* veröffentlichte, die Briefe Raphaels mit denen Körners identisch sind; es handelt sich um weitgehend wörtliche Übernahmen.**

Kann man demnach sagen, dass Christian Gottfried Körner dem jungen Schiller die Theosophie ausgeredet hat? Oder kann man noch einen Schritt weiter gehen und sagen, dass Schiller in seinen Jugendjahren Theosoph war, und wenn ja – was verstand er eigentlich unter „*Theosophie*"? Dies Wort hatte sicherlich zu Schillers Lebzeiten eine ganz andere Bedeutung als heute. In den 1780er Jahren verstand man darunter die Lehren des Görlitzer Mystikers Jakob Böhme sowie die des schwedischen „Geistersehers" Emmanuel Swedenborg. Daneben war „Theosophie" wohl auch ein Synonym für spiritualistische Schwärmerei. Als Theosophen galten diejenigen, die höhere geistig-göttliche Welten direkt erfahren wollten, ohne Vermittlung durch Priester oder Kirche. Davon abgesehen hat Schiller selbst dargelegt, was er unter Theosophie versteht; er lässt Julius ein von ihm verfasstes Fragment erwähnen, das diesem Thema gewidmet ist und das er Raphael zur näheren Prüfung übersenden will. Zugleich lässt er durchblicken, dass er sich von dem Inhalt des Fragmentes distanziert; es stellt für ihn einen überwundenen Geisteszustand dar:

„Diesen Morgen durchstöberte ich meine Papiere. Ich finde einen verlornen Aufsatz wieder, entworfen in jenen glücklichen Stunden meiner stolzen Begeisterung. Raphael, wie ganz anders finde ich jetzo das alles! (...) Du wirst dies Fragment durchlesen, mein Raphael. Möchte es dir gelingen, den erstorbenen Funken meines Enthusiasmus wieder aufzuflammen, mich wieder auszusöhnen mit meinem Genius (...)."[86] Dieser in jugendlichem Elan hingeworfene Aufsatz trägt den Titel *Theosophie des Julius*; er umfasst nur wenige Druckseiten und gliedert sich in folgende Absätze: 1. Die Welt und das denkende Wesen, 2. Idee, 3. Liebe, 4. Aufopferung, 5. Gott. Es handelt sich um einen genialen Aufsatz, um die programmatische Darstellung einer spirituellen Weltanschauung, in wenigen philosophischen Leitsätzen zusammengefasst und an einigen Stellen mit Gedichten durchmischt.[87]

Gleich zu Beginn, am Anfang des ersten Abschnitts, steht der Satz: „*Das Universum ist ein Gedanke Gottes*". Dieser Gedanke Gottes nun inkarniert sich gleichsam und nimmt vielfältige Erscheinungsformen an. Die Aufgabe des denkenden Menschen besteht darin, in der Zusammenschau all dieser Erscheinungsformen die ihnen zugrunde liegende Matrix des göttlichen Gedankens zu erkennen. Auch eine Ahnung des ewigen *„Stirb und Werde!"* überkommt Schiller: „Ja, ich fange an zu glauben, dass sogar das künftige Schicksal des menschlichen Geistes im dunklen Orakel der körperlichen Schöpfung vorher verkündigt liegt. Jeder kommende Frühling, der die Sprösslinge der Pflanzen aus dem Schoße der Erde treibt, gibt mir Erläuterung über das bange Rätsel des Todes und widerlegt meine ängstliche Besorgnis des ewigen Schlafes. Die Schwalbe, die wir im Winter erstarret finden und im Lenze wieder aufleben sehen, die tote Raupe, die sich als Schmetterling neu verjüngt in die Luft erhebt, reichen uns ein treffendes Sinnbild unsrer Unsterblichkeit." Überall in der Natur herrscht das Gesetz der periodischen Wiederkehr, der Neugeburt, der Selbst-Erneuerung – ist dies gar eine Vorahnung des Gesetzes von Reinkarnation und Karma, die Schiller hier ausspricht?

Das Weltbild, das Julius hier entwirft, lässt sich am ehesten als *Pan-en-theismus* bezeichnen, im Sinne jener uralten Lehre, dass *Gott in Allem* ist: „Also gibt es für mich nur eine einzige Erscheinung in der Natur, das denkende Wesen". Mit anderen Worten: Alles in der Natur ist eine Theophanie, eine Erscheinung Gottes.

In einem solchen Universum, das ja nur Ausdruck des göttlichen All-Wesens ist, strebt jedes Wesen nach Vollkommenheit. *„Alle Geister werden angezogen von Vollkommenheit."* Von diesem Gedanken aus gelangt Schiller zu einer Ethik, die Egoismus und Altruismus, Eigenwohl und Gemeinwohl zur Synthese bringt: „Vollkommenheit in der Natur ist keine Eigenschaft der Materie, sondern der Geister. Alle Geister sind glücklich durch ihre Vollkommenheit. Ich begehre das Glück aller Geister, weil ich mich selbst liebe. Die Glückseligkeit, die ich mir vorstelle, wird meine Glückseligkeit; also liegt mir daran, diese Vorstellungen zu erwecken, zu vervielfältigen, zu erhöhen – also liegt mir daran, Glückseligkeit um mich her zu verbreiten." Das Streben nach dem Glück Anderer wird als *Liebe* bezeichnet; deshalb ist Liebe für Schiller „das schönste Phänomen in der beseelten Schöpfung, die Quelle der Andacht und der erhabensten Tugend" – der „Widerschein dieser einzigen Urkraft". Dies läuft hinaus auf die altbekannte, aber sehr schwer zu realisierende christliche Maxime: Liebe deinen Nächsten wie dich selbst! „Liebe ist das Bindemittel im Weltall", sagt auch Gottfried von Purucker, „der Pfad zum Herzen des Universums".

Die Liebe als kosmische Allkraft wird letztlich ein Zusammenschmelzen der einzelnen Geister und ihre Vereinigung zu einem göttlichen Makrowesen bewirken. Die Natur nämlich ist nach Schiller „ein unendlich geteilter Gott", und diese Teile wollen wieder zu einer Einheit zusammenfinden. „Wie sich im prismatischen Glase ein weißer Lichtstreif in sieben dunklere Strahlen spaltet, hat sich das göttliche Ich in zahllose empfindende Substanzen gebrochen. Wie sieben dunklere Strahlen in einen hellen Lichtstreif wieder zusammenschmelzen, würde aus der Vereinigung aller dieser Substanzen ein göttliches Wesen hervorgehen."

Da haben wir sie nun, die theosophische Utopie einer liebenden Einheit aller Geister und einer durch die Liebe aller Geschöpfe entstandenen Wiedervereinigung Gottes, in der die ursprüngliche Einheit der Schöpfung wiederhergestellt wird. Dabei soll die Liebe nicht nur die Trennung unter den Individuen aufheben, sondern in erster Linie die „Leiter, worauf wir emporklimmen zur Gottähnlichkeit" darstellen. So stellt Schillers *Theosophie des Julius* einen frühen spekulativen Versuch dar, eine Vermittlung zwischen Gott und Welt im Zeichen der Liebe und Vervollkommnung zustande zu bringen. Man kann übrigens hier auch Bezüge zu seiner ersten medizinischen Dissertation *Die Philosophie der Physiologie* herstellen und somit davon ausgehen, dass diese Ideen bis auf seine Zeit in der Karlsschule zurückgehen.

Allerdings wird diese großartige Vision einer mit Gott ausgesöhnten Welt- und Menschheits-Familie bereits in den *Philosophischen Briefen* schon wieder in Frage gestellt, da sie der skeptischen Aufklärungsphilosophie Raphaels offenbar nicht standhalten kann. So sagt Schiller doch selbst: „Ich forsche nach den Gesetzen der Geister – schwinge mich bis zu dem Unendlichen, aber ich vergesse zu erweisen, dass sie wirklich vorhanden sind. Ein kühner Angriff des Materialismus stürzt meine Schöpfung ein." Denn offensichtlich war Schillers „Theosophie" nur eine sentimentale Gefühlsreligion, nicht aber ein Erkenntnisweg, der auch das Denken des Menschen mit einbezieht und es zum Spirituellen ausweitet. Ein schöner Aphorismus Schillers mit dem Titel *Mein Glaube* lautet:

Welche Religion ich bekenne? Keine von allen
Die du mir nennst! – Und warum keine? – Aus Religion.[88]

Hölderlin – Prophet der Götter

Friedrich Hölderlin (1770–1843), von jünglinghaftem Aussehen und mit seherischer Begabung ausgestattet, neben Goethe und Schiller der dritte große Bewahrer des klassischen Urbilds, war so bedingungslos in seiner Forderung des Reinen, Wahren und Guten, dass er daran selbst zerbrach. Hölderlin, dieser rätselhafteste und vielleicht unbekannteste Dichter der Deutschen, gleicht einem vom Himmel gefallenen Stern, der wie durch Zufall auf die Erde herabfiel, um recht bald verglühend zu verlöschen, immer noch erfüllt von den Ätherweiten des Weltraums. Hölderlin trug einen ganzen Weltraum in seinem Inneren, und aus diesem unerschöpflichen Weltinnenraum holte er seine Dichtungen hervor, getragen vom Wohllaut einer rhythmisch-musikalischen, wesentlich lyrisch getönten Sprache. Diese Dichtungen zählen nach wie vor zu den unvergänglichen Sprachschöpfungen der deutschen Literatur.

Anfangs sehr geprägt vom Pietismus seiner schwäbischen Heimat – der früh verstorbene Vater war Klosterpfleger, Pastorentochter die Mutter – wandte er sich recht bald dem Urbild des klassischen Griechentums zu, das für ihn das Ideal der Vollkommenheit in Natur und Geschichte darstellte. Die Erziehung im Tübinger Stift, die Begegnung dort mit Schelling und Hegel, die Bekanntschaft mit Schiller Ende 1794 an der Universität Jena und das leuchtende Vorbild Klopstocks mochten dazu beigetragen haben, den Sinn für das Griechentum in dem angehenden Dichter zu wecken. Vollends aber als Hauslehrer bei der Familie Gontard in Frankfurt a. M. gewinnt Hölderlin in der schicksalhaften Begegnung mit *Susette Gontard* – von ihm „Diotima" genannt – den Ton des großen Dichters, durchdrungen von der Überzeugung, „dass Götter sind".

Was Beatrice für Dante, Laura für Petrarca, Sophie für Novalis bedeutete, das war Diotima für Hölderlin – Seelengefährtin, Dualseele und inspirierende Muse all seiner Dichtkunst, zugleich ein Abbild des göttlichen Ewig-Weiblichen, das den Dichter zu den Quellen spirituellen Lebens hinaufzog. Allerdings, die Überzeugung, „dass Götter sind", dass sie als spirituelle Wahrbilder tatsächlich existieren – auch Goethe war durchdrungen von dieser Überzeugung – war keimhaft in Hölderlin von Anbeginn her angelegt, schon im Knabenalter. Aufschluss hierüber gibt sein Gedicht *Als ich ein Knabe war*, wo es heißt:

> Da ich ein Knabe war,
> Rettet' ein Gott mich oft
> Vom Geschrei und der Rute der Menschen,
> Da spielt' ich sicher und gut
> Mit den Blumen des Hains,
> Und die Lüftchen des Himmels
> Spielten mit mir.
>
> Und wie du das Herz
> Der Pflanzen erfreust,
> Wenn sie entgegen dir
> Die zarten Arme strecken,
> So hast du mein Herz erfreut,
> Vater Helios! und, wie Endymion
> War ich dein Liebling,
> Heilige Luna!

O all ihr treuen
Freundlichen Götter!
Dass ihr wüsstet,
Wie euch meine Seele geliebt!

Zwar damals rief ich noch nicht
Euch mit Namen, auch ihr
Nanntet mich nie, wie die Menschen sich nennen
Als kennten sie mich.

Doch kannt' ich euch besser,
Als ich je die Menschen gekannt,
Ich verstand die Stille des Äthers,
Der Menschen Worte verstand ich nie.[89]

Die unvermeidliche Trennung von Diotima, durch den Gatten Susettes erzwungen, treibt bei Hölderlin nun erst eine Lyrik großen Stils hervor. Die Homburger Zeit, Oktober 1798 bis Juni 1800, betreut durch den Freund Sinclair, wird seine fruchtbarste Zeit als Dichter. Der *Hyperion*-Roman wird vollendet, weitgehend eine Aufarbeitung der ebenso intensiven wie tragischen Beziehung zu Diotima; auf ihren Tod bezieht sich der Schlusssatz: *„Alles Getrennte findet sich wieder"* – denn die Dualseelen, seit Äonen miteinander verbunden und vom Schicksal selbst zusammengeschmiedet, werden sich am Ende immer wieder finden.

Der *Hyperion*-Roman, eigentlich kein Roman, sondern eine Seelengeschichte, spiegelt auch Hölderlins religiöse Weltanschauung wider, die „Gott" und „Natur" als Eines betrachtet und „mit allem, was lebt" eins zu werden wünscht. So heißt es etwa: „O selige Natur! Ich weiß nicht, wie mir geschiehet, wenn ich mein Auge erhebe vor deiner Schöne, aber alle Lust des Himmels ist in deinen Tränen, die ich weine vor dir, der Geliebte vor der Geliebten. Mein ganzes Wesen verstummt und lauscht, wenn die zarte Welle der Luft mir um die Brust spielt. Verloren ins weite Blau, blick' ich oft hinauf an den Äther und hinein ins heilige Meer, und mir ist, als öffnet' ein verwandter Geist mir die Arme, als löste der Schmerz der Einsamkeit sich auf ins Leben der Gottheit. Eines zu sein mit allem, das ist Leben der Gottheit, das ist der Himmel des Menschen. (....) Eines zu sein mit allem, was lebt, in seliger Selbstvergessenheit wiederzukehren ins All der Natur, das ist der Gipfel der Gedanken und Freuden, das ist die heilige Bergeshöhe, der Ort der ewigen Ruhe, wo der Mittag seine Schwüle und der Donner seine Stimme verliert und das kochende Meer der Woge des Kornfelds gleicht."[90]

Die Kluft zwischen Mensch und Natur, die sich aufgetan hat, gilt es wieder zu schließen; und wie eine Zukunfts-Prophetie klingen jene Worte, die am Ende des Ersten Bandes des *Hyperion* stehen: „Es wird nur *eine* Schönheit sein; und Menschheit und Natur wird sich vereinen in *eine* allumfassende Gottheit."[91] Aber Hölderlin glaubt nicht nur an die Götter im Weltenall, sondern auch an das Göttliche im Menschen, das „Innere Licht" der Mystiker, wie aus dem Schluss des folgenden Gedichts, *Menschenbeifall*, hervorgeht:

> Ist nicht heilig mein Herz, schöneren Lebens voll,
> Seit ich liebe? Warum achtet Ihr mich mehr,
> Da ich stolzer und wilder,
> Wortereicher und leerer war?
> Ach! Der Menge gefällt, was auf dem Marktplatze taugt,
> Es ehret der Knecht den Gewaltsamen;
> *An das Göttliche glauben*
> *Die allein, die es selber sind.*[92]

Eine Flut von Oden steigt in Hölderlin herauf, jede ein Spiegel des mythischen Welterlebens um Diotima. Weltthemen nehmen Gestalt an; das *Empedokles*-Drama wird in Frankfurt begonnen, drei Fassungen geschrieben, doch blieb es Fragment. Eine letzte große Schaffensphase bleibt dem Dichter vergönnt, mit wechselnden Aufenthalten in Stuttgart, der Schweiz, Bordeau, Nürtingen und Homburg, in den Jahren 1800 bis 1806. Aber alle Versuche, festen Boden unter die Füße zu bekommen, scheitern: Eine Stelle bei dem Hamburger Konsul Meyer in Bordeau verließ er unvermittelt, irrte durch Südfrankreich und kehrte verwirrten Geistes in die Heimat zurück. Von da an war sein Geist umnachtet, und er blieb es – mit einigen Unterbrechungen – bis zu seinem Tod am 7. Juni 1843. Der Geist des Dichters zerbrach an den Gewalten, die ihn auf den Plan gerufen hatten. Und wie eine böse Vorahnung des Kommenden klingt jenes Gedicht *Hälfte des Lebens*, das Hölderlin in seiner letzten Schaffensphase, schon hart an der Grenze zum Wahnsinn stehend, geschrieben hatte:

> Hälfte des Lebens,
> Mit gelben Birnen hänget
> Und voll mit wilden Rosen
> Das Land in den See,
> Und trunken von Küssen
> Tunkt ihr das Haupt
> Ins heilignüchterne Wasser.
> Weh mir, wo nehm' ich, wenn
> Es Winter ist, die Blumen, und wo
> Den Sonnenschein
> Und Schatten der Erde?
> Die Mauern stehn
> Sprachlos und kalt, im Winde
> Klirren die Fahnen.[93]

Hölderlin war nicht nur Dichter, sondern auch Seher und Prophet – ein Prophet der Götter in einer entseelten und entgötterten Zeit. Geschult an Pindar und Klopstock, besang er die Götter der Antike, die er als lebendige Geistgestalten sehen konnte, in den nur ihm eigentümlichen freien Rhythmen, getragen von einer gewaltigen und doch nur schwebenden Musik der Worte. Aber die Erfahrung, als Mensch ins Ungewisse geworfen zu sein, klingt bei Hölderlin schon immer durch, so etwa auch im zweiten Teil von *Hyperions Schicksalslied*, in dem die Existenz der Götter und die der Menschen wie folgt einander gegenübergestellt werden:

Ihr wandelt droben im Licht
Auf weichem Boden, selige Genien!
Glänzende Götterlüfte
Rühren euch leicht,
Wie die Finger der Künstlerin
Heilige Saiten.

Schicksallos, wie der schlafende
Säugling, atmen die Himmlischen;
Keusch bewahrt
In bescheidener Knospe,
Blühet ewig
Ihnen der Geist,
Und die seligen Augen
Blicken in stiller
Ewiger Klarheit.

Doch uns ist gegeben,
Auf keiner Stätte zu ruhn.
Es schwingen, es fallen
Die leidenden Menschen
Blindlings von einer
Stunde zur andern,
Wie Wasser von Klippe
Zu Klippe geworfen,
Jahrlang ins Ungewisse hinab.[94]

Hölderlin, der ja auch mit den Deutschen hart ins Gericht ging, blieb selbst nach seinem Tode jahrzehntelang verkannt und unbekannt; erst seit dem 1. Weltkrieg gelangte er, wiederentdeckt, zu verstärkter Wirkung, die bis heute noch ungeschmälert anhält. Zweifellos würde man Hölderlin heute mit Goethe und Schiller in die Reihe der „Klassiker" stellen, doch bleibt Hölderlin weiterhin unpopulär, unverstanden, unbekannt, ein Einsamer schon zu Lebzeiten und erst recht über den Tod hinaus.

Ein früher Bewunderer Hölderlins war übrigens Friedrich Nietzsche, auch er ein Verehrer des klassischen Griechentums, auch er am Ende seines Lebens in Wahnsinn versunken, auch er ein den Deutschen im Grunde unbekannter Genius. In einem Brief vom 19. 10. 1861 lobt der damals erst 17jährige Nietzsche den Dichter, „den die Mehrzahl seines Volkes kaum dem Namen nach kennt" und sagt, dass „diese Verse, in ihrer Natürlichkeit und Ursprünglichkeit die Kunst und Formgewandtheit Platens verdunkelnd, diese Verse, bald im erhabensten Odenschwung einherwogend, bald in die zartesten Klänge der Wehmut sich verlierend" dem „reinsten, weichsten Gemüt" entquollen seien. Es bestand offensichtlich eine echte Seelenverwandtschaft zwischen diesen beiden großen Einsamen, Unverstandenen, Nietzsche und Hölderlin.

Hölderlins Bedeutung liegt vor allem in seiner Lyrik. In der Lyrik schritt er von persönlich-stimmungshaften reinen Natur- und Liebesgedichten in alkäischem und asklepiadischem Versmaß zu dem Ton seiner großen, immer objektiver gerichteten Elegien, in denen er, im Versmaß des Hexameters, das Bild eines hohen, von Geist und Tatkraft durchwalteten Göttertages des Griechentums als Quell einer geistigen Erneuerung der Menschheit heraufbeschwört. Wie ein Vermächtnis liest sich sein Gedicht *Die Götter*, aus dem nicht bloßer Klassizismus, sondern ein ganz unmittelbar-echtes, antikes Erleben eines von Göttermächten durchdrungenen Weltganzen spricht:

> Du stiller Äther! immer bewahrst Du schön
> Die Seele mir im Schmerz, und es adelt sich
> Zur Tapferkeit vor deinen Strahlen,
> Helios! oft die empörte Brust mir.
>
> Ihr guten Götter! arm ist, wer euch nicht kennt,
> Im rohen Busen ruhet der Zwist ihm nie,
> Und Nacht ist ihm die Welt und keine
> Freude gedeihet und kein Gesang ihm.
>
> Nur ihr, mit eurer ewigen Jugend, nährt
> In Herzen, die euch lieben, den Kindersinn,
> Und lasst in Sorgen und in Irren
> Nimmer den Genius sich vertrauern.[95]

Der magische Idealismus
bei Novalis

Friedrich von Hardenberg, genannt *Novalis* (1772–1801), Dichter-Philosoph, Träumer, Künstler und Seelenkenner, gehört – zusammen mit Tieck, den Gebrüdern Schlegel, Schelling und Franz von Baader – zu den entscheidenden Impulsgebern der Deutschen Romantik. Novalis war der Magier des Universellen in Gedicht und Gedanke, ruhe- und grenzenlos in seinem Verlangen nach Selbst- und Welterkenntnis, von unstillbarer Sehnsucht nach Freiheit beseelt, ein luzider Mystiker, für den Materie und Geist keinen Gegensatz mehr bildeten.

Das Werk des Novalis darf in hohem Maße als Zeugnis eines kosmischen Bewusstseins gelten. Die Erfahrung kosmischer All-Einheit und Zusammengehörigkeit, wie sie R. M. Bucke in seinem Buch *Cosmic Consciousness* in charakteristischer Weise schildert, war Novalis wie allen Mystikern zu eigen: „Wie in einem Blitz offenbart sich seinem Bewusstsein eine klare Vorstellung, eine globale

Vision von Sinn und Ziel des Universums. Er kommt nicht zu einer bloßen Überzeugung, sondern er sieht und weiß, dass der dem Ichbewusstsein als tote Materie erscheinende Kosmos in Wirklichkeit etwas ganz anderes ist – nämlich tatsächlich eine lebendige Gegenwart.... Er sieht, dass das dem Menschen innewohnende Leben ewig ist wie alles Leben, dass die Seele des Menschen so unsterblich ist wie Gott, sieht, dass das Universum so geschaffen und geordnet ist, dass ohne jeden Zweifel alles zum Besten aller zusammenwirkt und dass das Grundprinzip der Welt das ist, was wir Liebe nennen, und dass das Glück eines jeden einzelnen letztlich gewiss ist....“[96]

Ein Dichter muss in der Tat das ganze Welten-All in sein Inneres hineinnehmen, muss das Schicksal der ganzen Welt mittragen, mit allen Wesen mitfühlen, um den vielfältigen Stimmen des Seins in seinen Sprachschöpfungen Ausdruck verleihen zu können. Im kosmischen Bewusstsein wird das Ganze des Seins erschaut, mit seinen teils sichtbaren, teils unsichtbaren Wirklichkeits-Ebenen, der Geist in der Natur, die Gottheit im Welthorizont – die Welt wird gleichsam transparent, durchsichtig auf ihren überweltlichen Ursprung. Novalis ist wie kein anderer der Dichter des Transparenten, des Durchsichtigen und Durchscheinenden; alle seine Schöpfungen tragen etwas ungemein Leichtes, Luzides, fast schon sich Verflüchtigendes an sich. Seine Gedichte, seine Prosa, seine Romanfragmente sind etwas ungemein Ätherisches, Geistiges, durchseelt von einer nie ganz greifbaren, immer etwas schwebenden Spiritualität, die sich jedem allzu engen Begriff entzieht, jeder Einordnung in ein philosophisches System vom Ansatz her widerstrebt.

Novalis schrieb einmal in einem seiner Fragmente: „Es gibt manche Blumen auf dieser Welt, die überirdischen Ursprungs sind, die in diesem Klima nicht gedeihen, und eigentliche Herolde, rufende Boten eines bessern Daseins sind.“[97] Eine solche überirdische Blume war vielleicht auch Novalis selbst, der den Himmel als seine eigentliche Heimat wusste und sich Zeit seines Lebens als ein Fremdling in der irdischen Welt begriffen hat. Deutlich kündet davon sein Gedicht *Der Fremdling* (22. Januar 1797):

Müde bist du und kalt, Fremdling, du scheinest nicht
Dieses Himmels gewohnt – wärmere Lüfte wehn
Deiner Heimat, und freier
Hob sich vormals die junge Brust.

Streute ewiger Lenz dort nicht auf stiller Flur
Buntes Leben umher? spann nicht der Frieden dort
Feste Weben? und blühte
Dort nicht ewig, was einmal wuchs?

O! Du suchtest umsonst – untergegangen ist
Jenes himmlische Land – keiner der Sterblichen
Weiß den Pfad, den auf immer
Unzugängliches Meer verhüllt.[98]

Sein ganzes Leben hat Novalis in Mitteldeutschland, in dem
Raum zwischen den Städten Leipzig, Jena und Weimar zugebracht.
Als Spross einer alten, in die Beamtenaristokratie übergegangenen
Adelsfamilie auf Schloss Oberwiederstadt in Thüringen geboren,
besuchte er das Gymnasium zu Eisleben, dann die Universität in
Jena, um Jura zu studieren; entscheidend war für den jungen Dichter der Idealismus Schillers. Ab 1794 arbeitete er in der kursächsi-
schen Verwaltung in Tennstädt, wo er das Salinenwesen zu beauf-
sichtigen hatte. Die entscheidende Lebenswende aber war seine
Begegnung mit der erst 13jährigen *Sophie von Kühn*, der Tochter
eines Landedelmannes, der Liebe seines Lebens. Einige Monate
später verlobten sich die beiden, doch schon im März starb Sophie
an der Lungenschwindsucht, wenige Tage nach ihrem fünfzehnten
Geburtstag. Novalis fühlte sich „tot, wüste, taub, unbeweglich, ver-
steinert", doch währte die Liebe über den Tod der Verlobten hinaus.
Sophie wurde ihm zur Idealgestalt, zur Erweckerin seiner Dichterkraft, zur Muse und Seelenbegleiterin. Ein Schlüsselerlebnis war ihm
das Bild der verklärten Geliebten, das er in einer Stunde äußerster
Verzweiflung verheißungsvoll über dem Grab schweben sah:
„Einst da ich bittre Tränen vergoss, da in Schmerz aufgelöst
meine Hoffnung zerrann, und ich einsam stand am dürren Hügel,

der in engen, dunklen Raum die Gestalt meines Lebens barg –
einsam, wie noch kein Einsamer war, von unsäglicher Angst getrieben – kraftlos, nur ein Gedanken des Elends noch. – Wie ich da
nach Hülfe umherschaute, vorwärts nicht konnte und rückwärts
nicht, und am fliehenden, verlöschten Leben mit unendlicher Sehnsucht hing: – da kam aus blauen Fernen – von den Höhen meiner
alten Seligkeit ein Dämmerungsschauer – und mit einem Male riss
das Band der Geburt – des Lichtes Fessel. Hin floh die irdische
Herrlichkeit und meine Trauer mit ihr – zusammen floss die Wehmut
in eine neue, unergründliche Welt – du Nachtbegeisterung,
Schlummer des Himmels kamst über mich – die Gegend hob sich
sachte empor, über der Gegend schwebte mein entbundner, neuge-
borner Geist. Zur Staubwolke wurde der Hügel – durch die Wolke
sah ich die verklärten Züge der Geliebten. In ihren Augen ruhte die
Ewigkeit – ich fasste ihre Hände, und die Tränen wurden ein fun-
kelndes, unzerreissliches Band. Jahrtausende zogen abwärts in die
Ferne, wie Ungewitter. An ihrem Halse weinte ich dem neuen Leben
entzückende Tränen. – Es war der erste, einzige Traum – und erst
seitdem fühl ich ewigen, unwandelbaren Glauben an den Himmel
der Nacht und sein Licht, die Geliebte."[99]

Christliches und Heidnisches vermischen sich im Gesamtwerk
des Novalis. Die *Geistlichen Lieder*, die – in der Tradition des Kir-
chenlieds geschrieben – eine tiefe Religiosität atmen, bringen das
Erleben des Kosmischen Christus, daneben aber auch Elemente
pietistischer Frömmigkeit zum Ausdruck (sein Vater, der Baron von
Hardenberg, war ein Mitglied in der von Zinzendorf begründeten
„Herrnhuter Brüdergemeine"). Die *Hymnen an die Nacht* feiern in
rhythmischer Prosa den Tod als die Pforte zu einem höheren, gott-
innigen Leben und die Nacht als das unendliche Reich der Poesie,
des Traums, der Ahnung und der Vereinigung mit der göttlichen
Liebe. Das Romanfragment *Die Lehrlinge zu Sais* bringt die Überzeugung zum Ausdruck, dass die Natur der Ahnungs- und Glau-
benskraft der Seele ihr lebendiges Geheimnis öffnet und dass der
Dichter allein berufen sei, die geisterfüllte seelenvolle Tiefe des
Weltalls zu erschließen. Der ebenfalls Fragment gebliebene Sym-

bolroman *Heinrich von Ofterdingen*, als Gegenbild zu Goethes *Wilhelm Meister* entworfen, entfaltet das Sinnbild der Blauen Blume als Inbegriff allen romantischen Strebens. In dem Aufsatz *Die Christenheit oder Europa* erhoffte sich Novalis vom Universalismus der christlichen Kirche eine Wiedergeburt des durch Reformation und Rationalismus gespaltenen Abendlandes.

Ein weiterer Teilbereich des Gesamtwerkes wäre noch zu nennen: die *Fragmente*. Sie sind ein unverzichtbarer, nicht wegzudenkender Teil des Novalis'schen Schaffens; in Tagebüchern und Studienheften niedergeschrieben, erschienen einige sogar noch zu seinen Lebzeiten, etwa die Sammlung *Blütenstaub*, die 1798 in Friedrich Schlegels Journal *Athenäum* veröffentlicht wurde. Novalis war der geborene Fragment-Schreiber. Die flüchtigen Notizen, die fragmentarischen Einfälle, Bruchstücke einer Gedankenkette, sind charakteristische Ausdrucksmittel seines Denkens, dessen Merkmal Offenheit, Weiterentwicklung ist. Man findet in seinen Fragmenten Äußerungen zu vielen Themen: Philosophisches, über Dichtung, Kunst, Träume, Märchen, dazwischen auch religiöse Sentenzen von außerordentlicher mystischer Tiefe. Eine unerschöpfliche Schatzkammer esoterischer Weisheit sind diese Fragmente. Sie enthalten in aphoristischer Form Geistkeime eines „Magischen Idealismus", der mit dem absoluten Idealismus Schellings und der All-Einheitslehre der indischen Vedanta-Philosophie größte Seelenverwandtschaft aufweist.

Der Magische Idealismus, wie er in den Fragmenten andeutungsweise umrissen wird, will Philosophie, Poesie, Kunst, Religion, Naturwissenschaft und Staatslehre zu einer neuen Synthese zusammenbinden, ein wahrhaft enzyklopädisches Unternehmen. Einer der Hauptgedanken des Magischen Idealismus ist jener der Gleichzeitigkeit aller Zeiten: es gibt einen Punkt in der menschlichen Seele, wo Vergangenheit, Gegenwart und Zukunft zusammenfallen, wo alle Zeiten eins sind. In *Blütenstaub*, Fragment Nr. 16 heißt es: „In uns, oder nirgends ist die Ewigkeit mit ihren Welten, die Vergangenheit und Zukunft."[100] Und in Fragment Nr. 92: „Wir stehen in Verhältnissen mit allen Teilen des Universums, sowie mit Zukunft und

Vorzeit. Es hängt nur von der Richtung und Dauer unsrer Aufmerksamkeit ab, welches Verhältnis für uns vorzüglich wichtig und wirksam sein soll."[101] Der Mensch ist also Teilhaber aller Welten, Bürger aller Zeiten – ein wahrhaft universales Wesen.

Der Mensch ist nach Novalis ein „vollkommner Trope des Geistes" (Nr. 227), oder eine Chiffre Gottes, und sein Körper ein geheiligter Tempel. Die Menschheit ist überhaupt der Sinn unseres Planeten: „Die Menschheit ist der höhere Sinn unsers Planeten, der Nerv, der dieses Glied mit der obern Welt verknüpft, das Auge, was er gen Himmel hebt."[102] Aber die Entwicklung geht über den Jetztmenschen noch hinaus. Ein großer Weltentwicklungs-Gedanke steht Novalis vor Augen, wonach der Mensch in künftigen Zuständen sich immer mehr seinem göttlichen Ursprung wieder annähern werde. Menschwerdung ist eine Aufgabe, die niemals abgeschlossen ist. Wir alle sind nur auf dem Weg, wahrhaftig Menschen zu werden. Der Mensch ist etwas Unabgeschlossenes, Unbegrenztes, immer neu Entstehendes. „Wir sollen nicht bloß Menschen, wir sollen auch mehr als Menschen sein. Oder Mensch ist überhaupt soviel als Universum. Es ist nichts Bestimmtes. Es kann und soll etwas Bestimmtes und Unbestimmtes zugleich sein."[103]

Da der Mensch in der Sicht des Magischen Idealismus ein universales Wesen ist, das allen Welten und Zeiten angehört, gibt es keine Trennmauer zwischen „Diesseits" und „Jenseits", zwischen Natur und Geisteswelt. Jeder Dualismus, wie er von Descartes zur Methode erhoben wurde, wird hier vom Ansatz her überwunden. *„Die Geisterwelt ist nicht verschlossen"*, dichtete schon Goethe im *Faust*; sie ist real vorhanden und jederzeit geöffnet, ragt ständig in die Diesseits-Welt hinein, sie von Innen her durchdringend. So sagt Novalis: „Die Geisterwelt ist uns in der Tat schon aufgeschlossen, sie ist immer offenbar. Würden wir plötzlich so elastisch, als es nötig wäre, so sähen wir uns mitten unter ihr. Heilmethode des jetzigen mangelhaften Zustandes. Ehemals durch Fasten und moralische Reinigungen, jetzt vielleicht durch die stärkende Methode."[104] Ähnlich in Fragment Nr. 417: „Es liegt nur an der Schwäche unsrer Organe und der Selbstberührung, dass wir uns nicht in einer Feenwelt erblicken. Alle Märchen sind nur Träume von jener heimatlichen Welt, die überall und nirgends ist. Die höhern Mächte in uns, die einst als Genien unsern Willen vollbringen werden, sind jetzt Musen, die uns auf dieser mühseligen Laufbahn mit süßen Erinnerungen erquicken."[105]

Daher kommt die zentrale Bedeutung des Märchens, in dem die Transparenz des Geistes bewahrt wird. Das Märchen ist für Novalis eine verzauberte Traumwelt, in der alles mit allem auf magische und geheimnisvolle Weise miteinander zusammenhängt, Inbegriff wahrer Poesie und zugleich Rückerinnerung an unsere geistige Urheimat. Novalis hat sich selbst als Märchendichter betätigt, hat spirituelle Kunstmärchen geschaffen, wie etwa das von *Hyazinth und Rosenblütchen* in *Die Lehrlinge zu Sais* oder das berühmte Märchen von *Eros und Fabel* am Ende des *Heinrich von Ofterdingen*. Das Märchen ist ein Universum der Poesie, eine Welt totaler Verzauberung, und deshalb etwas Zukunftsweisendes: denn eine „Wiederverzauberung der Welt" strebt Novalis an; darin sieht er auch den Sinn der romantischen Weltbewegung. Die Romantik soll eine neue Vergeistigung der Welt zustande bringen. Mit diesem Anspruch erweist sich Novalis als ein echter Pionier der Zukunft. Denn was die Romantik letzten Endes nicht zu leisten vermochte, eben jenen Brückenbau zum Geist, das wird einer zukünftigen Kulturepoche der Menschheit vorbehalten bleiben. Fast wie eine Zukunftsprophetie klingt es, wenn Novalis dichtet:

> Es bricht die neue Welt hinein
> Und verdunkelt den hellsten Sonnenschein,
> Man sieht nun aus bemoosten Trümmern
> Eine wunderseltsame Zukunft schimmern,
> Und was vordem alltäglich war,
> Scheint jetzo fremd und wunderbar.[106]

In der allesverzaubernden, bald hereinbrechenden Zukunft wiederholt sich auf einer höheren Ebene die älteste Vergangenheit. In der ältesten Vorzeit war der Mensch von Natur aus ein „Geisterseher". Alles war ihm Geist. Dann kam eine Epoche der Verdunkelung. Der Sinn des Geistigen ging verloren; zurück blieb der tote Buchstabe. Nur noch Erinnerungen gibt es an die einstige, geistdurchwirkte Welt – in Träumen, Märchen, in der Poesie. Die Zukunft aber wird wieder eine neue Geistesschau bringen, und zwar auf eine bewusstere Weise. Damit wird ein neuer Weltentag heranbrechen, als dessen Prophet und Vorverkündigerer Novalis sich zeitlebens gesehen hat, *ein Zeitalter des Heiligen Geistes.*

Mit dem Magischen Idealismus sollte eine „Religion des Weltalls" geschaffen werden, die in jenem neuen Äon volle Gültigkeit besitzen wird, eine wahre Lichtreligion, die in der physischen Sonne der sichtbaren Himmelswelt den Ausdruck eines Göttlichen erkennt. Eine Art erneuerter Zarathustrismus könnte dieser Lichtglaube sein. „Licht ist Symbol der echten Besonnenheit. Also ist Licht der Analogie nach Aktion der Selbstrührung der Materie. Der Tag ist also das Bewusstsein des Wandelsterns, und während die Sonne, wie ein Gott, in ewiger Selbsttätigkeit die Mitte beseelt, tut ein Planet nach dem andern auf längere oder kürzere Zeit das eine Auge zu, und erquickt im kühlen Schlaf sich zu neuem Leben und Anschauen. Also auch hier Religion – denn ist das Leben der Planeten etwas anderes als Sonnendienst? Auch hier kommst du uns entgegen, uralte kindliche Religion der Parsen, und wir finden in dir die Religion des Weltalls." (Fragment Nr. 347)[107]

Hierzu passt auch das Loblied auf das Licht, das am Beginn der *Hymnen an die Nacht* steht: „Welcher Lebendige, Sinnbegabte, liebt nicht vor allen Wundererscheinungen des verbreiteten Raumes um ihn, das allerfreuliche Licht – mit seinen Farben, Strahlen und Wogen; seiner milden Allgegenwart, als weckender Tag. Wie des Lebens innerste Seele atmet es der rastlosen Gestirne Riesenwelt, und schwimmt tanzend in seiner blauen Flut – atmet es der funkelnde, ewigruhende Stein, die sinnige, saugende Pflanze, und das wilde, brennende, vielgestaltige Tier – vor allen aber der herrliche Fremdling mit den sinnvollen Augen, dem schwebenden Gange, und den zartgeschlossenen, tonreichen Lippen. Wie ein König der irdischen Natur ruft es jede Kraft zu zahlloser Verwandlung, knüpft und löst unendliche Bündnisse, hängt sein himmlisches Bild jedem irdischen Wesen um. – Seine Gegenwart allein offenbart die Wunderherrlichkeit der Reiche der Welt."[108]

Lichtverehrung und Nachtverehrung bilden bei Novalis eine Polarität; sie stellen keinen Gegensatz mehr dar: der Magische Idealismus ist im tiefsten Sinne Einheits-Mystik. Den Inbegriff alles Mystischen sah Novalis in der Liebe; ja man kann sagen: Liebe, Tod und Transzendenz lagen für ihn dicht beieinander. Fragment 275: "Was ist Mystizismus? Was muss mystisch [geheimnisvoll] behandelt werden? Religion, Liebe, Natur, Staat. – Alles Auserwählte bezieht sich auf Mystizism. Wenn alle Menschen ein paar Liebende wären, so fiele der Unterschied zwischen Mystizism und Nichtmystizism weg."[109] Die Liebe erweist sich hier als das Zentral-Mysterium allen Seins überhaupt. Gemeint ist mit „Liebe" aber nicht irgendein sentimentales Gefühl, sondern eine kosmische Allkraft. Diese könnte man als das Weltbewegende, den Urgrund oder Gott bezeichnen: „(Theosophie.) Gott ist die Liebe. Die Liebe ist das höchste Reale – der Urgrund."[110]

Der *Urgrund* – hier haben wir wieder den alten, Jakob Böhme'schen Ausdruck für jene magnetische Kraft der kosmischen All-Liebe, die wir in Ermangelung eines besseren Wortes als „Gott" bezeichnen. Dass das zuletzt angeführte Fragment den Titel „Theosophie" trägt, kommt nicht von ungefähr. War die Weltschau Jakob Böhmes Theosophie und Kosmosophie zugleich, so bewegt sich Novalis ganz in der Nachfolge des großen Görlitzer Mystikers, den er in einem an Ludwig Tieck gerichteten Gedicht als „Verkündiger der Morgenröte" und „des Friedens Bote" preist, als Vorläufer des neuen kommenden Geist-Zeitalters. Mit dem traditionellen pietistischen Christentum hat diese Art theosophischer Mystik nicht viel zu tun. Sie ist viel eher eine Wiederauferstehung uralter Einweihungslehren, denen es in erster Linie um die Gottwerdung des Menschen geht.

Wie Gott Mensch, ja Tier, Pflanze, Stein werden konnte, so kann umgekehrt der Mensch ein Gott werden – das ist eine der Hauptaussagen des Magischen Idealismus. „Wenn Gott Mensch werden konnte, kann er auch Stein, Pflanze, Tier und Element werden, und vielleicht gibt es auf diese Art eine fortwährende Erlösung in der Natur."[111] Dies ist die Involution Gottes in die Materie hinein. Der gegenläufige Prozess besteht in der Evolution aus der Materie heraus, dem Menschen in erster Linie aufgetragen, der auf diese Weise zum „Messias der Natur" wird. Der Auftrag des Menschen wird klar und deutlich formuliert: „Wir werden die Welt verstehn, wenn wir uns selbst verstehn, weil wir und sie integrante Hälften sind. Gotteskinder, göttliche Keime sind wir. Einst werden wir sein, was unser Vater ist."[112] Der Magische Idealismus kennt eine Evolutionsreihe, die sich vom Pflanzenleben über Tier und Mensch bis zu den Höhen des künftigen Gottmenschen aufspannt – sehr schön ausgedrückt in einem Gedicht ohne Titel, von dem hier nur die letzten drei Strophen zitiert sein sollen:

> Vielleicht beginnt ein neues Reich,
> Der lockre Staub wird zum Gesträuch,
> Der Baum nimmt tierische Geberden,
> Das Tier soll gar zum Menschen werden.
> Ich wusste nicht, wie mir geschah,
> Und wie das wurde, was ich sah.
>
> Wie ich so stand und bei mir sann,
> Ein mächtger Trieb in mir begann,
> Ein freundlich Mädchen kam gegangen
> Und nahm mir jeden Sinn gefangen.
> Ich wusste nicht, wie mir geschah,
> Und wie das wurde, was ich sah.
>
> Uns barg der Wald vor Sonnenschein.
> Das ist der Frühling! fiel mir ein;
> Und kurz, ich sah, dass jetzt auf Erden
> Die Menschen sollten Götter werden.
> Nun wusst ich wohl, wie mir geschah,
> Und wie das wurde, das ich sah.[113]

Die Menschen werden, so ahnte Novalis hellschauend voraus, in künftigen Weltzuständen „Götter werden", also höhere Weltwesen, die den menschlichen Zustand in ähnlicher Weise hinter sich gelassen haben wie wir den tierischen. Und der Akt der Gottwerdung ist ein Akt der Erkenntnis; es kann aber nur Gleiches von Gleichem erkannt werden: „Wie das Auge nur Augen sieht – so der Verstand nur Verstand, die Seele Seelen, die Vernunft Vernunft, der Geist Geister usw., die Einbildungskraft nur Einbildungskraft, die Sinne Sinne; Gott wird nur durch einen Gott erkannt."[114]

Als „Mystiker und im Irdischen tätiger Mensch zugleich" (Kluckohn) wurde Novalis oft gesehen. Dieser hatte am Grab seiner Geliebten ein visionäres Erlebnis gehabt, das seine religiöse und dichterische Musikalität erweckte und zum Schwingen brachte. Doch allzu früh wurde Novalis dem diesseitigen Leben entrissen. Hatte er sich insgeheim entschlossen, der Geliebten nachzusterben? Oder war er überhaupt nur ein flüchtiger Gast im Diesseits, der sein Heimatrecht in den höheren, geistigen Welten besaß? August Wilhelm Schlegel (1767–1845) richtete an den so jung verstorbenen Weggefährten folgende Zeilen:

> Du schienest, losgerissen von der Erde,
> Mit leichten Geistestritten schon zu wandeln,
> Und ohne Tod der Sterblichkeit genesen.
> Du riefst hervor in dir durch geistig Handeln,
> Wie Zauberer durch Zeichen und Gebärde,
> Zum Herzvereine das entschwundne Wesen.
> Lass mich denn jetzo lesen,
> Was deiner Brust die Himmel anvertrauen;
> Das heil'ge Drüben zwar entweihen Worte,
> Ließ' auch die ew'ge Pforte
> Noch wen zurück, er schwiege: lass nur schauen
> Mein Aug' in deinem, wenn ich bang erbleiche,
> Den Wiederschein der sel'gen Geisterreiche.[115]

Friedrich Rückert und die
Weisheit des Ostens

Friedrich Rückert (1788–1866), seiner Herkunft nach ein ganz einfacher Dorfamtmannssohn aus Unterfranken, gehört nicht nur zu den großen Dichtern der Weltliteratur, sondern er zeigte auch eine genial-virtuose Formbegabung im Einschmelzen östlicher Weltdichtung ins Deutsche. In ihm vollzieht sich erstmals jene Begegnung mit der Weisheit des Ostens, die im Deutschland der Klassik eine ganze Generation von Dichtern und Denkern, von Schlegel bis Schopenhauer, nachhaltig geprägt hat. Rückert erwies sich als ein ebenso unermüdlicher wie hervorragender Übersetzer, der dem deutschen Publikum die östliche Weisheit in ihrer ganzen Bandbreite – von persischer Lyrik über Brahmanendichtung bis zum chinesischen Shi-King – nicht nur vermittelte, sondern auch sich selbst durch lebendigen Nachvollzug zu eigen machte. Ihm ging es vor allem um Verinnerlichung, um Heiligung des ganzen Alltags, um eine Mystik des täglichen Lebens, die aus allen seinen Dichtungen, gleich ob eigenen oder Übersetzungen aus fremden Sprachen, lebensnah zu uns spricht. Deshalb sind seine Eindeutschungen der großen religiösen Werke des Ostens nicht nur philologische Übersetzungen, sondern immer auch Nachvollzug, Bekenntnis und inneres Erleben.

Eine auffallende Reimbegabung zeigte Friedrich Rückert schon von Kindheit an. Glücklichen Kinderjahren folgte ein Studium in Würzburg und Heidelberg, sodann 1811/12 eine Dozentur der klassischen Philologie in Jena. Schon früh gelang ihm in der Dichtung ein märchenhafter Kinderton, der leicht ins Volk eindrang; allein die Befreiungskriege rissen ihn aus dieser Kinderwelt jäh heraus und ließen ihn die *Geharnischten Sonette* schreiben (1814), in denen er zum Widerstand gegen Napoleon aufrief. Im Jahre 1818 lernte er nach einer Italienreise in Wien den Orientalisten Josef von Hammer-Purgstall kennen, der ihm die östliche Dichtung nahebrachte, besonders die in Persien so beliebte Kunstform des *Ghasel*. Die Sufi-Gesänge Dschelaleddin Rumis halfen ihm, seine eigene Ost-Mystik zu vertiefen; ja Rumi wurde ihm ein Wegweiser zur Mystik des inneren Lichts. Die Gesänge des Persers Hafis, die Goethe zu seinem *West-Östlichen Divan* inspirierten, brachte Rückert 1821 in einer kongenialen deutschen Übersetzung unter dem Titel *Östliche Rosen* heraus.

Einen Höhepunkt seines Schaffens stellt die *Weisheit des Brahmanen* dar, 1836 bis 1838 in sechs Bänden erschienen, wie der *Cherubinische Wandersmann* des Angelus Silesius in Alexandrinern verfasst und mit 2600 Versen wohl das längste philosophische Lehrgedicht in deutscher Sprache. Dieses Werk, vermehrt um die *Brahmanischen Erzählungen*, die wenig später erscheinen, lässt eine ebenso tiefe wie freie Religiosität der west-östlichen Synthese erkennen, in deren Mittelpunkt allein die „Weltmutter Liebe" steht. Aber auch um die wissenschaftliche Orientalistik hat sich Rückert in hohem Maße verdient gemacht. Seine Übersetzungen und vergleichenden Sprachstudien brachten ihm eine Professur für orientalische Sprachen an der Universität Erlangen ein, die er von 1826 bis 1841 ausübte; danach wurde er von Friedrich Wilhelm IV. an die Universität Berlin berufen, wo der spätere Indologe Max Müller zu seinen Hörern zählte. Zu den von Rückert übersetzten östlichen Weisheitstexten gehören neben den Gedichten von Hafis und Rumi das Drama *Urwaschi* von Kalidasa, aus dem Sanskrit das *Gita-Govinda*, der *Atharva Veda* und Teile aus dem *Mahabharata*, vor allem das bekannte Epos *Savitri*, aus dem Arabischen die *Mekamen des Hariri*, ferner Übersetzungen aus dem Tamilischen, Malaiischen und Armenischen; über allem stand der Satz, den er im „Vorspiel" seiner Ausgabe des Schi-King ausspricht:

Weltpoesie allein ist Weltversöhnung.

Rückerts eigentliche Leistung ist die Einverleibung persisch-arabischer Dichtung in das deutsche Bildungsbewusstsein. Sein Sprachtalent verlockte ihn gleichzeitig zu eigener lyrischer Produktion, von den *Kindertotenliedern* über den *Liebesfrühling* bis hin zu Alltagsgedichten und Versuchen im historischen Drama. Es gibt kaum ein Thema, das er nicht in dichterischer Form berührte, alles Alltägliche wurde ihm Poesie: „Die Lust der Welt ist, sich im Kristall der Dichtung zu spiegeln". Einige seiner Gedichte sind von Schubert, Schumann und Gustav Mahler vertont worden. Umso unverständlicher ist es, dass Rückert, der 1866 auf seinem Landgut Neuseß bei Koburg verstarb, bis heute ein weithin Unbekannter geblieben ist; die wissenschaftliche Literaturkritik reiht ihn unter die Epigonendichter ein und geht achtlos an seinem Werk vorbei. Vielleicht muss seine Größe erst noch entdeckt werden; denn was er schuf, das ist, um mit Herman Kreyenborg zu sprechen, „ein Thesaurus der Weltliteratur..., der die kühnsten Träume eines Herder und Goethe an Vielseitigkeit und Meisterschaft überstiege." Es ist Weltliteratur im besten Sinne – Weltpoesie und Weltversöhnung.

In der deutschen Sprache sah Rückert gleichsam eine universale Sprache, die sich für das Ritornel ebenso eignet wie für das Ghasel, für den Hexameter ebenso wie für den Alexandriner. Es ist eine Sprache, die wie ein Kristall alles Fremde in sich aufzunehmen und zu spiegeln vermag. In der folgenden Strophe gibt Rückert zu erkennen, dass er eine Einheit sieht, die allen Sprachen zugrunde liegt; und ebenso eine Einheit als Urgrund aller Religion:

In Persisch und Sanskrit, in Griechisch und Latein,
In Deutsch und Slawisch siehst du eine Sprach' allein.
Wie weit die Gegensätz' auch auseinander wichen,
Du hast sie innerlich zur Einheit ausgeglichen.
Warum nicht auch, wie in den Sprachen offenbart,
Willst du das Gleiche seh'n in Denk- und Glaubensart?[116]

Friedrich Rückert ist in dieser Hinsicht schon ganz Theosoph, dass er vor seinem geistigen Auge eine esoterische Ur- und Wurzelreligion sieht, die allen bestehenden Religionen als spirituelle Urlehre, als „Geheimlehre" zugrunde liegt. Es möge nun ein etwas längeres, hymnenhaftes Gedicht zitiert werden, in dem Rückert seine eigene Spiritualität bekenntnishaft zum Ausdruck bringt:

Du bist, und bist auch nicht. Du bist, weil durch dich ist
Was ist; und bist nicht, weil du das, was ist, nicht bist.
Du bist das Seiende, und das Nichtseiende,
Seingebende und das dem Sein befreiende.
Du bist einfaches Licht, und siebenfache Farben
Sind Welten, die durch dich den Schein des Seins erwarben.
Durchs Licht erscheinen sie, das Licht nicht sind die Farben,
Im Lichte sind sie dann, wenn sie im Scheine starben.
Du bist einfacher Ton, die siebenfachen Saiten
Der Weltenleier sind's, die dich mit dir entzweiten.
Du bist der Grundton, der in sieben Strahlen träuft
Die Leiter nieder, und zurück zum Anfang läuft.
Du selber bist der Laut und bist der Lautenschläger,
Und alle Schwingungen der Seele deine Träger.
Du bist des Morgens Hauch, des Abends Luft,
Du bist des Frühlings Strauch, du bist des Herbstes Duft.
Du bist's und bist es nicht, du bist wie Tag und Jahr,
Der Kreis, der in sich kreist, unwandel-wandelbar.
Das Rätsel staun' ich an, und will es lösen nicht,
Weil sich die Lösung in mein eignes Sein verflicht.
Du Wunderbarer, gabst mir Lust am Wunderbaren;

Mich, Ewigklarer, labst du mit dem Dämmerklaren.[117]

Rückerts sowohl kosmische als auch esoterische Religion, die in seinen zahlreichen Gedichten Gestalt angenommen hat, sieht Gott ganz im Sinne der Mystiker als den All-Einen, der sich in allem Lebendigen kundgibt. Freudige Weltbejahung ist der Grundton dieser Religion; denn alles Geschaffene ist eine Ausdrucksform Gottes:

Anbetung Gottes ist das Ziel der Weltbetrachtung;
Der grade Weg zu ihm ist nicht die Weltverachtung.
Den Schöpfer achtet nicht, wer sein Geschöpf missachtet;
Ihn sieht in allem, wer alles in ihm betrachtet.
In allem ist sein Licht, in allem ist sein Hauch;
Er ist im Großen groß, und groß im Kleinen auch.
Ein Weltenfrühling blüht in jedem Frühlingsläubchen,
Ein Sonnenwirbel tanzt in jedem Sonnenstäubchen.
In jedem Tröpflein ist ein Ozean ergossen,
In jedes Kiesels Herz ein Feuerquell beschlossen.
In deinem Auge ist das Licht von tausend Sonnen,
In deinem Busen Raum für aller Wesen Wonnen.
Ihn loben in der Zeit Propheten und Poeten,
In der Unsterblichkeit Planeten und Kometen,
Und dir bleibt nichts, als stumm ihn anzubeten.[118]

Rabindranath Tagore –
Indiens Meisterdichter

Man hat *Rabindranath Tagore* (1861–1941) schon oft den „Goethe Indiens" genannt, wohl deshalb, weil er im Geistes- und Kulturleben des modernen Indien eine ähnlich beherrschende Stellung einnimmt wie sie Goethe, Schiller, Hölderlin und Lessing in der Literatur Deutschlands haben. Tagore besitzt unangefochten den Rang eines „Klassikers", den jeder kennt, den jeder zitiert, dessen Dasein und Wirken die Nation mit Stolz erfüllt.

Wer war Rabindranath Tagore? Aus einer sehr traditionsreichen, hochangesehenen Brahmanen-Familie Kalkuttas stammend, hatte er sich Ruhm erworben als Dichter, Maler, Komponist, Musiker und Pädagoge, nicht zuletzt aber dadurch, dass er im Jahre 1913 den Nobelpreis für Literatur erhielt. Tatsächlich war er der erste Nicht-Europäer, der mit dieser Auszeichnung bedacht wurde, und zwar für seine Leistungen auf dem Gebiet der Dichtkunst. Mit Werken wie *Ghare baire* und *Gitanjali* revolutionierte er die bengalische Literatur, die er mit einer Unzahl von Gedichten, Kurzgeschichten, Briefen, Essays und Theaterstücken bereicherte. Kurzum, Rabindranath Tagore war eine Symbolfigur – in der Universalität seines Schaffens ein „goetheanischer" Mensch und eine moralische Autorität, die im Lande kaum ihresgleichen hatte. Worte und Musik der indischen Nationalhymne *Jana Gana Mana* stammen von ihm.

Tagores Lieder werden heute noch gesungen, seine Theaterstücke heute noch aufgeführt, aber er selbst sah sich in erster Linie immer als Dichter. Wie kaum ein anderer hat er die Dichtung radikal in den Mittelpunkt seines Lebens gestellt. Schon als Achtjähriger drängte ihn ein urtümliches, ihm offenbar angeborenes Gefühl für Rhythmus, Melodie und Takt zum Verseschreiben; als Zwölfjähriger schrieb er Balladen, und als Siebzehnjähriger brachte er seinen ersten Gedichtband heraus. In kurzer Zeit wuchs er zum ersten und bedeutendsten Lyriker seiner Sprache heran, des Bengalischen, der er erstmals den Rang einer Literatursprache verlieh. Mit 21 Jahren, im Jahre 1882, verfasste er sein Gedicht *Der Wasserfall erwacht*, das – enthalten in der Sammlung *Morgengesänge* – sein erster großer Wurf ist und wie ein Anfangsfanal am Beginn seiner literarischen Laufbahn steht. Hier das Gedicht:

Wie konnten die Strahlen der Sonne
Mein Leben durchdringen an diesem Morgen?
Wie konnten ins Dunkel der Höhle die Lieder der Vögel dringen?
Ich weiß nicht, warum ist – so spät – mein Leben erwacht?
Erwacht ist mein Leben, das Wasser schwillt und treibt,
Des Lebens Durst und Drang kann ich nicht hemmen.
Der Fels erzittert und bebt, Steine kollern und poltern zu Tal,
Schäumend und sprühend tobt das Wasser mit mächtigem Dröhnen.
Ströme der Güte gieß ich aus, meinen Felsenkeller brech ich auf,
Überflutend die Welt, tose ich dröhnend hinab, ich wilder Narr.
Dier Haare aufgelöst, raffe ich Blumen, flattre ich,
regenbogenbunte Flügel schlagend,
Lachen streu ich auf die Sonnenstrahlen:
So gieß ich aus mein Leben,
Von Fels zu Fels springe ich, von Kuppe zu Kuppe rinne ich,
Mein Lachen schallt, mein Singen hallt, den Takt schlag ich dazu.
So viel zu sagen, so viel zu singen, so viel Kraft hab ich.
So groß ist mein Glück, so tief die Lust, so viel Kraft hab ich! (...)[119]

Ekstase, Überschwang, die jugendliche Freude am Beginnen, am Neuanfang spricht aus diesem Gedicht. Als Tagore jedoch sein Hauptwerk der Welt übergab, den Gedichtband *Gitanjali* (im Englischen *Song Offerings*, meinst mit „Sangesopfer" oder „Liedopfer" übersetzt), stand er bereits in reifem Alter, und Jahrzehnte erfolgreicher literarischer Tätigkeit lagen schon hinter ihm. Als er sich im Jahre 1912, als Fünfzigjähriger, von einer schweren Krankheit und erlittenen Schicksalsschlägen erholte und zu diesem Zweck nach England reiste, übersetzte er 103 seiner schönsten religiösen Gedichte ins Englische, um sie dort in Abzügen zu verteilen. Das Manuskript gelangte in London über Tagores Freund, den Maler William Rothenstein, in die Hände des großen irischen Lyrikers William Butler Yeats, der in einen wahren Begeisterungstaumel verfiel und sich für eine Druckausgabe einsetzte, die im Jahre 1912 erschien und für die er das Vorwort beisteuerte.

Rabindranath Tagore und William Butler Yeats verband tiefe Seelenverwandtschaft. Yeats war seiner Veranlagung nach ein Mystiker, ja ein Magier, der zeitweilig der Theosophischen Gesellschaft und dem *Hermetischen Orden der Goldenen Dämmerung* (*Hermetic Order oft he Golden Dawn*) angehörte; auch er erhielt den Literaturnobelpreis (im Jahre 1923) als Vertreter Irlands als eines vom Britischen Empire unterdrückten, nach Unabhängigkeit strebenden Landes. Irland und Indien, das Land der Druiden und das der Brahmanen, begegneten sich in Gestalt dieser beiden Dichter als gleichsam zwei Weltpole in West und Ost. Yeats schrieb über den tiefen Eindruck, den die Lyrik Tagores auf ihn gemacht hat, folgendes: „Ich habe das Manuskript mit diesen Übersetzungen tagelang mit mir herumgetragen und in Zügen, Bussen und Restaurants gelesen, und nicht selten musste ich unterbrechen, damit kein Fremder sehen konnte, wie sehr es mich berührte. Diese Gedichte (....) breiten in ihrem Denken eine Welt aus, von der ich mein ganzes Leben lang geträumt habe. Das Werk einer verfeinerten Kultur, erscheinen sie dennoch ebenso als ein Gewächs der gewöhnlichen Erde wie Gräser oder Büsche. Eine Tradition, in der Dichtung und Religion ein und dasselbe sind, hat die Jahrhunderte durchlaufen, von Gebildeten und Ungebildeten Metaphern aufgegriffen und der Menge das Denken der Gelehrten und Vornehmen zurückgebracht."[120]

Was uns in Tagores *Gitanjali* entgegentritt, ist die Welt einer kosmischen Herzens- und Liebesmystik, wie sie im abendländischen Bereich bekannt ist, auch im islamischen Sufitum, wo das ewige Spiel zwischen Gott und der Seele in erotischen Metaphern ausgedrückt wird. In der indischen Mystik haben wir ähnlich die Erotik zwischen Krishna und Radha, die sinnbildlich für Gott und die Seele stehen. Tagore hat hier tief aus der indischen Tradition geschöpft, und da er selbst einem Brahmanen-Haushalt entstammte, besaß er auch die Möglichkeit dazu. Die mystisch gestimmten Lieder dieser Sammlung zeugen von tiefer Spiritualität und kreisen um Liebessehnsucht, Trauer um die eigene Unvollkommenheit und inbrünstige Liebe zur Natur. Die Gedichte, die ursprünglich in gebundener Form mit Reim und Metrik komponiert waren und so etwas Liedhaftes an sich trugen, nahmen durch die Übersetzung ins Englische eher den Charakter einer poetischen Prosa an. Dennoch spürt man selbst in dieser Paraphrase noch etwas vom bestrickenden Zauber des Originals. Hier ein Beispiel:

Er ist es, der tief innen mit verborgenen Berührungen mein Dasein erweckt.
Er ist es, der seinen Zauber auf diese Augen legt und beseelt auf den Saiten meines Herzens spielt, in allen Tonarten von Freude und Leid.
Er ist es, der diesen Schleier der Maya webt in den flüchtigen Tönen aus Gold und Silber, Blau und Grün und unter den Falten ein wenig hervorschauen lässt von seinen Füßen, bei deren Berührung ich mich selbst vergesse.
Tage kommen und Zeitalter vergehen, und immer ist er es, der unter mancherlei Namen in vielerlei Gestalt mein Herz bewegt und es Freude und Kummer schmecken lässt.[121]

Tagores eigene Spiritualität ist sehr geprägt durch seine Mitgliedschaft im *Brahma-Samaj*, einer neo-hinduistischen Reformkirche, die von dem großen anglophilen Reformer Ram Mohan Roy (1774–1833) begründet wurde. Hier ging es darum, den Hinduismus von Aberglauben und üblen Auswüchsen zu befreien und ihm den Charakter einer modernen monotheistischen Religion zu geben. Schon der Großvater des Dichters, Dvarakanath Tagore, unterstützte diese Bewegung, und sein Vater ebenso. Tagore selbst hat dieser Gemeinschaft lebenslang angehört und stets eine herausragende Rolle in ihr gespielt. Er sprach von Ram Mohan Roy als einem „Mann mit großem Herzen und außerordentlicher Intelligenz", der versucht hatte, „den Kanal des spirituellen Lebens wieder zu öffnen, der seit vielen Jahren mit dem Sand und den Trümmern formaler und materialistischer Glaubensbekenntnisse verstopft gewesen war. Diese waren in äußerlichen Riten ohne spirituelle Bedeutung verfallen."[122] In sozialkritischen Essays und Kurzgeschichten hat sich Tagore daher immer gegen die Missstände der traditionellen Hindureligion gewandt – das Kastenwesen, die Diskriminierung der Frauen, die Benachteiligung der Witwen, inhaltsleerer Ritualismus und Formalismus. Und doch würde es zu kurz greifen, in Tagore nur einen Aufklärer und Reformer zu sehen; er war tief verwurzelt in den Traditionen der indischen Mystik, ja der Mystik überhaupt, und strebte danach, das Beste aus West und Ost miteinander zu verbinden. In einem Gedicht bekennt er:

> Auf dem Spielfeld dieser vergänglichen Welt
> In Glück und Unglück, habe ich
> Oft und oft Ewigkeit gekostet,
> Habe wieder und wieder das Unendliche
> Hinter dem Horizont des Endlichen gesehen.[123]

Nachdem Tagore für *Gitanjali* den Literaturnobelpreis erhalten hatte (1913) und ausgedehnte Vortragsreisen durch Europa und Amerika unternahm, wurde er außerhalb Indiens eigentlich nur als Dichter wahrgenommen. Dies verstellt jedoch den Blick für die Vielseitigkeit dieses Mannes. Nicht nur, dass er neben Gedichten noch Romane, Novellen, Kurzgeschichten, Essays, Literaturkritiken schrieb – auch als Maler, Komponist, Sänger und Pädagoge leistete er Großes. Selten hat es einen Menschen von solcher Universalität gegeben. Mit seinem Namen verbunden ist auf jeden Fall die etwa 150 km nördlich von Kalkutta gelegene Privatschule *Santiniketan*, das heißt „*Ort des Friedens*", wo nach Grundsätzen einer Reformpädagogik unterrichtet wurde – sozusagen eine Art feie Waldorfschule auf indischem Boden. Tatsächlich standen nicht Disziplin, Drill und Auswendiglernen im Mittelpunkt der Pädagogik, sondern Spiel, Tanz, Musik und Bewegung draußen an der freien Luft. Tagore hatte die Schule 1901 gegründet und unterrichtete selbst dort. Der Schule wurde später noch eine freie Universität zugeordnet, mit Namen *Visva Bharati*, mit einer berühmten Schule der schönen Künste, einer Schule für sino-tibetanische Studien, einer Tanz- und Musikschule und einer reichhaltigen Bibliothek. Dort, in Santiniketan, ist der Geist Rabindranath Tagores bis heute lebendig.

Als weiteres Tätigkeitsfeld kommt noch hinzu, dass Tagore in der Zeit zwischen 1905 und 1907 an der indischen Befreiungsbewegung gegen den britischen Kolonialismus teilnahm. Mit Gandhi verband ihn eine lebenslange Freundschaft, dem er im Jahre 1915 den Mahatma-Titel verlieh. Und Tagore hatte, als er den Begriff des Mahatma wählte, sicher auch die *Bhagavad Gita* im Sinn gehabt, in der ja vom segensreichen Wirken jener „Großen Seelen" (Mahatma von *maha-atma*, Große Seele) die Rede ist. Im 9. Gesang, Vers 13 dieses Hoheliedes sagt Krishna: „*O Sohn Prithas, diejenigen, die nicht verblendet sind, die Großen Seelen, stehen unter dem Schutz der göttlichen Natur. Sie sind vollständig im hingebungsvollen Dienst beschäftigt, da sie Mich als die höchste Persönlichkeit Gottes kennen, die ursprünglich und unerschöpflich ist*".

Was einen Mahatma besonders auszeichnet, ist die Tatsache, dass er ständig „*hingebungsvollen Dienst*" übt – ein Kennzeichen, das auch für Gandhi zutraf. Dieser hatte das selbstlose Dienen in den Mittelpunkt seines Lebens gestellt. Er hatte sich der Sache Indiens verschrieben, bedingungslos, und er war bereit, jedes Opfer in

Kauf zu nehmen. Tagore, der selbst kein Politiker war, aber als Kulturschaffender das Erwachen Indiens zur Freiheit sehnlichst herbeiwünschte, feierte die Ankunft Gandhis mit geradezu hymnischen Worten: „In diesem Augenblick erschien Mahatma Gandhi. Er trat über die Schwelle der Hütten, wo die Tausende der Enterbten wohnten, gekleidet wie sie. Er sprach mit ihnen in ihrer eigenen Sprache. Da war nun endlich Wahrheit und nicht nur ein Zitat aus einem Buche. Darum ist auch der Name Mahatma, der ihm verliehen wurde, sein eigentlicher und wahrer Name.“[124] Das folgende Gedicht zeugt ebenfalls von Tagores Eintreten für die Freiheit Indiens:

> Wo furchtlos der Geist, wo erhoben das Haupt,
> wo Wissen frei ist, wo die Wände unsrer Häuser
> die Welt nicht Tag und Nacht
> in tausend Winkelhöfe zerstücken:
> wo das Wort vom Grund des Herzens
> aufquellend steigt, wo der Strom der Werke
> ungehindert von Land zu Land nach allen Seiten
> sich in tausendfacher Erfüllung ergießt;
> wo kleinliche Bräuche, gehäuft wie Wüstensand
> nicht den klaren Strom der Vernunft verschütten
> und Männlichkeit sich nicht an hundert Dingen vergeudet;
> wo du bist, aller Werke, Einsicht und Freuden Herr:
> Du selbst wecke, o Vater, mit hartem Schlag
> Mein Land in diesem Himmel auf![125]

Großen Einfluss begann Tagore von Anfang an in Deutschland zu entfalten. Bereits Ende 1923 waren über eine Million Exemplare seiner Werke auf dem deutschen Markt. Insgesamt dreimal hat der Dichter Deutschland besucht, 1921, 1926 und 1930, doch stieß er gerade bei den deutschen Intellektuellen und Schriftstellern auf wenig Verständnis. Die Masse des Publikums sah in ihm indes eher eine Art Guru, einen „Weisen aus dem Morgenland“, ja gar eine Art indischen Christus, der er sicherlich nie war und auch nicht sein wollte. Der deutschen Literatur und Dichtung brachte Tagore größte

Wertschätzung entgegen. Nach eigener Aussage, in seinem autobiographischen Essay *Die Religion eines Künstlers* (1924), hat er sich sogar an Goethe und Heinrich Heine versucht – und zwar in der Originalsprache: „Ich wollte auch die deutsche Literatur kennenlernen, und als ich Heine in einer Übersetzung las, dachte ich, dort einen Funken Schönheit entdeckt zu haben. (...) Dann versuchte ich mich an Goethe. Mit Hilfe des wenigen Deutsch, das ich gelernt hatte, las ich den *Faust*."[126] Nicht zufällig hat man ja Tagore den „Goethe Indiens" genannt, und vielleicht besteht zwischen diesen beiden Kulturschaffenden doch mehr Seelenverwandtschaft als man gemeinhin vermuten würde. Ein Problem mit Tagores Schriften in Deutsch liegt jedoch darin, dass es nur lückenhafte und meist schlechte Übersetzungen gibt, bloß aus dem Englischen; dies hat dazu geführt, dass Tagore in Deutschland eigentlich immer ein Unbekannter geblieben ist.

Rabindranath Tagore hat mit über 80 Jahren ein hohes Alter erreicht, sodass es ihm vergönnt war, über viele Jahrzehnte hinweg ein an Umfang wie Sinntiefe gewaltiges Lebenswerk zu erschaffen, das bis heute noch seiner endgültigen Deutung und Aufarbeitung harrt. Seine teils aus den klassischen Upanishaden, teils aus dem Reformhinduismus des Brahma-Samaj erwachsene Spiritualität konnte in sein Gesamtwerk und besonders in seine Dichtung einfließen, was ihr etwas Einmaliges, Unvergleichliches verleiht. Jedoch war Tagore zu sehr Künstler, Sinnenmensch, Ästhet, als dass er die Askese als Heilsmittel akzeptieren konnte; er blieb stets allem Lebendigen, allen Schönheiten der Natur zugewandt. Im hohen Alter dann, immer hinfälliger werdend, hat er seinen baldigen Tod deutlich herannahen gefühlt; dem hat er in seinen letzten Gedichten oft Ausdruck gegeben. Hier ein Beispiel dafür:

> Ist die Zeit gekommen, bleibe ich nicht länger hier.
> Mein Herz lebt in diesem jungen Baum –
> in seinen Blüten, in seiner zarten Blätter Tanz.
> Meine Hoffnung auf immer neue selige Frühlinge
> bleibt bestehen. Ich selbst werde gehen.[127]

William Butler Yeats – Dichter, Mystiker und Theosoph

W illiam Butler Yeats, ein irischer Patriot, ein überragender Dichter zudem, der den Symbolismus seiner Zeit mit seinen eigenen mystischen Visionen verschmolz und im Jahre 1923 den Literatur-Nobelpreis erhielt – er wirkte auch als Theaterdirektor und als Senator im neugegründeten irischen Freistaat – gehörte von 1881 bis 1889 der Theosophischen Gesellschaft an und verkehrte in London im engeren Kreis um Madame Blavatsky. Anfang der 80er Jahre des 19. Jahrhunderts soll er sich einmal darüber beklagt haben, dass Darwin, Huxley und Tyndall – also die Oberpäpste des biologischen Materialismus – ihn der Religion seiner Jugend beraubt hätten, ohne ihm etwas Gleichwertiges dafür zu geben. Sein Intellekt zwang ihn, den Materialismus zu akzeptieren, aber er blieb dabei unglücklich und sehnte sich nach etwas, das den starken spirituellen Drang seiner Seele befriedigen konnte. Die irische Kirche war dazu nicht mehr in der Lage.

Die Lösung aus diesem Dilemma bot ihm (wie einer ganzen Generation von Literaten) die Theosophie, die seinen spirituellen Sehnsüchten entsprach, ohne ihn dabei in Konflikt mit seinem Intellekt zu bringen. Im Jahre 1881, als Olcott und Mohini Chatterji Irland besuchten, kam Yeats zum ersten Mal mit der theosophischen Bewegung in Berührung. Gleich darauf las er Sinnett's *Okkulte Welt* und *Esoterischer Buddhismus*; er wurde Mitglied in der Theosophischen Gesellschaft von Dublin sowie in einer „Hermetischen Gesellschaft", deren Vorsitzender er wurde. Nach seiner Übersiedlung nach London 1887 besuchte er HPB (Helena Petrowna Blavatsky) häufig in Maycott und später in der Landsdowne Road. Als 1888 die Esoterische Sektion gegründet wurde, war William Butler Yeats eines ihrer ersten Mitglieder.

Als häufiger Gast im Hause Blavatskys spürte der junge irische Dichter, hellsichtig veranlagt, durchaus etwas von der spirituellen Präsenz der Meister. Er gehörte nicht zu jenen Skeptikern und Rationalisten, die – wie heute so oft zu finden – die Meister für bloße Phantasiefiguren halten. Ihm erschloss sich das Wesenhafte dieser Meister, obwohl er sie nicht „sehen" konnte. Später, in seiner Autobiographie, schreibt er über die theosophischen Mahatmas: „[Alle Mitglieder von HPBs Haushalt] scheinen ihre Gegenwart zu spüren, und alle sprachen von ihnen, als seien sie wichtiger als irgendeiner der sichtbaren Bewohner des Hauses. (....) Einmal schien es mir, als seien sie oder irgendein Bote von ihnen anwesend. Es war ungefähr neun Uhr abends, und ein halbes Duzend von uns saßen um ihren großen Tisch, als das Zimmer sich mit Weihrauchduft füllte. Jemand kam die Treppe herunter, konnte aber nichts riechen – er war anscheinend außerhalb des Einflusses –, aber für mich und die anderen war der Duft sehr stark. Madame Blavatsky sagte, es sei gewöhnliches indisches Räucherwerk, und ein Schüler ihres 'Meisters' sei anwesend. Sie schien ängstlich darauf bedacht, die Sache zu bagatellisieren und wechselte das Thema. Es war sicherlich ein romantisches Haus, und ich habe es nicht freiwillig verlassen."[128]

Wer war eigentlich William Butler Yeats? Geboren 1865 in Sandymount bei Dublin, aufgewachsen bei seinen Großeltern in der Grafschaft Sligo, unter Bauern und Gutsherren, blieb er – eigentlich ganz unenglisch – tief im Übersinnlichen des irischen Volksglaubens verwurzelt. Die ersten von ihm veröffentlichten Verse, *Wanderings of Oisin* (1889), sind Klagen des nach 300 Jahren zurückgekehrten Ossian, der ein christliches Irland vorfindet und nicht mehr das der heidnischen Urzeit. Zeit seines Lebens besang Yeats im balladischen Stil die Märchen- und Sagengestalten der irischen Mythologie, Chuchulain und Conchubar, Aengus und Fergus, Manannan und Maeve, die Feenkönigin, Figuren so populär wie hierzulande Siegfried oder Dietrich von Bern, doch außerhalb Irlands kaum bekannt. Doch finden wir in seinen ossianischen Wanderungen, die später unter dem Titel *Crossways* (Scheidewege) erschienen, ein Poem, das deutlich theosophischen, genauer indischen Einfluss verrät. Stand Yeats jene geistige Einheit vor Augen, die sich sowohl bei den Weisen Indiens als auch bei den keltischen Druiden und Barden wiederfindet? Das Gedicht trägt den Titel *Der Inder über Gott*:

> Ich ging am Ufer unter ganz nassen Bäumen hin,
> Mein Geist gewiegt im Abendlicht, das Röhricht an den Knien,
> Mein Geist gewiegt in schwerem Schlaf ...
> sah Zwergsumpfhühner laufen,
> Tropfnass im Böschungsgras, und sah, sie hörten auf zu raufen,
> Und sich zu jagen ... und hörte, wie das älteste sprach:
> Er, der die Welt im Schnabel hält, der stark uns macht
> und schwach,
> Das ist der ew'ge Sumpfhahn, der überm Himmel wohnt,
> Von seinen Schwingen regnet's, Sein Blickstrahl ist der Mond.
> Ich ging ein kleines Stück, da sprach ein Lotus vor sich her:
> Der Weltenschöpfer und Regent, an einem Stiel hängt Er,
> Denn ich, ich bin sein Abbild, und trommelnd wüstes Wetter
> Ist Gleiten eines Tropfens über Seine Riesenblätter.
> Ein Stück im Dunkeln schlug ein Rehbock seine Augen auf
> Voll Sternenlicht und sprach: Der Stampfer hoch im
> Himmelslauf,
> Er ist ein zarter Rehbock; wie ersann Er sonst, frag ich,
> Ein Ding so schöner Schwermut, ein so zartes Ding wie mich?
> Ich ging ein kleines Stück und hörte plötzlich einen Pfau:

Der Gras gemacht und Wurm gemacht und mein Gefieder blau,
Er ist ein ungeheurer Pfau und schwenkt die ganze Nacht
Dort droben matt den Schweif in Seiner endlos lichten Pracht.[129]

Die ganze Natur, nicht bloß der Mensch allein, verharrt in der
Anbetung Gottes, und jedes Lebendige findet sein eigenes Wesen in
Gott wieder – das ist der Sinn des hier zitierten Gedichtes. Yeat's
lyrische Weiterentwicklung vollzieht sich über den Umweg des französischen Symbolismus, den er in Mellarme verehrt und nachahmt;
wie Maeterlinck versucht er auch, das Theater zu erobern, was ihm
jedoch nur in Form des lyrischen Einakters gelingt. Mit Ellis gibt er
die Werke William Blakes heraus, dessen Bildermystik ihm entspricht, doch die irische Mythenwelt bleibt immer sein ureigenster
Besitz, unsichtbar und allgegenwärtig. Reiner als im Drama gelingt
ihm die künstlerische Aussage im Gedicht. Die Gedichte von William
Butler Yeats sind vielschichtig und voller Anspielungen: Irlands
Mythologie und Geschichte, die klassische Bildungswelt, der private
Kosmos des Dichters und nicht zuletzt seine eigene spirituelle Entwicklung sind in ihnen gegenwärtig.

In seiner Jugend war William Butler Yeats den Idealen der Theosophie hingegeben, und die charismatische Madame Blavatsky war
wohl eine Art Übermutter für ihn gewesen, und doch kam es irgend-
wann zum Bruch mit der Theosophie. Der Grund hierfür war folgen-
der: In der Esoterischen Sektion war Yeats zunehmend unzufrieden
damit, dass dort keine magischen oder okkulten Experimente betrie-
ben wurden. Genau danach aber stand ihm der Sinn. In seinen
Okkulten Tagebüchern wird Yeats später schreiben: „Ich wollte
immer Beweise haben, schämte mich aber, das einzugestehen. Ich
habe in Sibly's *Astrology* gelesen, wenn man eine Blume verbrennt
und die Asche unter einem Glas dem Mondlicht aussetzt, dann
würde der Geist der Blume vor einem erscheinen. Ich überredete
Mitglieder der Sektion, die allein lebten, dazu, mich bei ihnen unge-
stört experimentieren zu lassen und verbrannte dann ununterbro-
chen Blumen."[130] Solche sinnlosen Verstöße gegen die Natur beun-
ruhigten die Mitglieder, und da Yeats offensichtlich nicht gewillt war,

die Experimente zu unterlassen, wurde er höflich zum Austritt aufgefordert. Im Jahre 1889 schied er aus der Esoterischen Sektion und aus der Theosophischen Gesellschaft aus. Damit endete, nach immerhin 8 Jahren, seine Laufbahn als aktives theosophisches Mitglied.

Ein lebhaftes Interesse an experimenteller Magie hatte Yeats von den Theosophen seiner Zeit entfernt. Eben dieses Interesse führte ihn in die Reihen des *Hermetic Order of the Golden Dawn* („Hermetischer Orden der Goldenen Morgendämmerung"), des damals wichtigsten magisch-esoterischen Ordens, dem auch eine so zwielichtige Figur wie der berüchtigte Schwarzmagier Aleister Crowley (1875–1947) angehörte. Yeats sollte bald zu einem der prominentesten Mitgliedern des Ordens werden. Was im Golden Dawn praktiziert wurde, war eine Mischung aus freimaurerischem, ritualmagischem und kabbalistischem Ritualismus. Gegründet wurde der Orden von Westcott, Woodman und McGregor Mathers am 1. März 1888 in London, und schon in wenigen Jahren gehörten ihm über 100 Mitglieder an.

Über den Hauptgründer und Vorsitzenden McGregor Mathers (1854–1918), der mit Moina Bergson, einer Schwester des berühmten französischen Philosophen, verheiratet war, sagt Yeats später: „Hauptsächlich seinetwegen begann ich gewisse Studien und Experimente, die mich davon überzeugen sollten, dass Bilder, die einem unmittelbar vor dem geistigen Auge stehen, einem tieferen Quell als der bewussten oder unbewussten Erinnerung entspringen."[131] Die Person des Ordensgründers wird von Yeats noch einmal in dem Gedicht *Die Nacht zu Allerseelen* (1920) heraufbeschworen, wo er eine ganze Reihe verstorbener Jugendfreunde vor seinem Auge Revue passieren lässt:

> Ich ruf McGregor Mathers aus dem Grab,
> Wir waren Freunde in der frühsten Jugend,
> Wenn auch zuletzt entfremdet.
> Halb Irrer und halb Schurke schien er mir,
> Ich sagt es ihm, doch Freundschaft endet nie....[132]

Zu Yeats' okkulter Laufbahn gehört auch, dass er mit einer hellsichtig begabten Frau, mit einem Medium verheiratet war. Yeats hatte das 50te Lebensjahr schon überschritten, als er im Spätsommer 1917 um die Hand der damals 28-jährigen *Georgie Hyde-Lees* anhielt und mit ihr eine Ehe einging, der in den Jahren darauf zwei Kinder entsprossen (Anne 1919 und Michael 1921). Die auserkorene Ehefrau aber zeigte schon kurz nach der Heirat eine Begabung für das automatische Schreiben, und so entstand eine Fülle von Mitteilungen aus höheren okkulten Ebenen. „Ob es Geister der Ahnen waren, die sich meldeten, oder abgespaltene Teile seiner Persönlichkeit, anonyme Stimmen aus dem *Spiritus Mundi*, wie Yeats das große kollektive Gedächtnis nannte, oder ob ein toter Dichter aus Fez namens Leo Africanus sprach – in fast regelmäßigen abendlichen Sitzungen fragte Yeats die Geister nach ihrem Geheimwissen aus, und Georgie zeichnete die Antworten auf. Yeats nannte diese Mächte Ratgeber, Führer, Kontrolleure."[133] Eines der seltsamsten okkulten Gedichte von Yeats, das zweifellos eine Vision beinhaltet, heißt *Das Zweite Kommen* (1921):

Drehend und drehend in sich weitendem Kreisel
Kann der Falke den Falkner nicht hören;
Alles zerfällt; die Mitte hält es nicht.
Ein Chaos, losgelassen auf die Welt,
Die Flut, bluttrüb, ist los, und überall
Ertränkt der Unschuld feierlicher Brauch;
Die Besten zweifeln bloß, derweil das Pack
Voll leidenschaftlichem Erleben ist.
Sicher steht eine Offenbarung an;
Sicher steht jetzt das Zweite Kommen an.
Das Zweite Kommen! Kaum dass das gesagt ist,
Verwirrt ein Riesenbild vom *Spiritus Mundi*
Mein Auge: Irgendwo im Sand einer Wüste
Regt ein Geschöpf mit Löwenleib und Kopf vom Menschen
Sein Blick so starr und mitleidlos wie die Sonne,
Langsam die Glieder, während ringsum die Schatten

Der ungehaltenen Wüstenvögel wirbeln.
Dann wieder Dunkelheit; doch weiß ich jetzt,
Zweitausend Jahre schliefen wie ein Stein,
Weil eine Wiege sie zum Alptraum zwang;
Bloß welches derbe Tier, ist reif die Zeit erst,
Schlurft bethlehemwärts, um zur Welt zu kommen?[134]

Hier werden Yeats' esoterische Vorstellungen, wie er sie in seiner Schrift *A Vision* niederlegte, mit der biblischen Apokalypse in schwer ausdeutbarer Weise verknüpft. Sie verdichten sich im düsteren Bild des *Großen Tieres 666*, das in Bethlehem geboren wird und die Endzeit einleitet. In Offb. 13,18 wird das Tier als Teil der Unheiligen Dreifaltigkeit genannt, zusammen mit dem Antichristen und dem Falschen Propheten. Aber Anfang der 20er Jahre, als das Gedicht entstand, lag das Endzeitliche in der Luft. Man erwartete einen neuen Avatar – entweder den Neuen Weltenlehrer oder den Antichristen, auf jeden Fall den Anbruch der Apokalypse.

Doch Yeats pendelte auch ständig hin und her zwischen den beiden Polen Esoterik und Politik. Mit letzterer ist die irische Unabhängigkeitsbewegung gemeint, die letztlich zur Gründung des Irischen Freistaates führte. Als im Jahre 1916 der Dubliner Osteraufstand zusammenbrach, kam der Dichter endgültig aus dem Elfenbeinturm des Symbolismus heraus, mischte sich ins politische Leben ein mit den beiden Gedichten *Ostern 1916* und *Sechzehn Tote*. Am 24. April 1916 hatten 700 Freischärler der *Irish Republican Brotherhood* versucht, das Zentrum Dublins zu besetzen und den Freistaat Irland auszurufen. Der Aufstand wurde von den britischen Regierungstruppen niedergeschlagen und 15 der Anführer wurden hingerichtet. Das Ereignis bewegte Yeats tief, und sein Gedicht ist ein Denkmal für die Revolutionäre, vor allem Pearse und Conolly. Doch streng genommen war Yeats nie politischer Nationalist, sondern immer nur Kultur-Nationalist, vergleichbar etwa den Brüdern Grimm oder den deutschen Romantikern zur Zeit der Befreiungskriege. Yeats, der den Begriff *Celtic Twilight*, keltisches Zwielicht, als Sinnbild für die Selbstfindung der irischen Nation geprägt hatte, sah

Irland in erster Linie als eine Kulturnation, die ihre Identität aus einem Schatz an Sagen, Mythen und Märchen bezog. Irland blieb für ihn immer die heilige Druiden-Insel, von den Nebeln des Atlantiks umspült und angefüllt von Feen, Königen und Göttern. Diese durchaus romantische Sicht Irlands kommt am besten in dem Gedicht *Unter dem Mond* (aus der Sammlung *In The Seven Woods*, 1904) zum Ausdruck:

Es macht mir keine Freude, wenn ich träum von Broceliande,
Von Avalon, der Höhle grün, der Insel Freudenschön,
Wo Lanzelot, von Sinnen ganz, versteckt ward von Elaine,
Von Ulster, wo einst Naoise warf ein Segel übern Wind;
Von Ländern, die zu düster sind, dem Herzen Last zu sein,
Vom Land am Grund, wo aus dem Licht des Mondes und der Sonne
Von sieben alten Schwestern wird das Lebensgarn gesponnen,
Vom Land des Turms, wo Aengus riss die schweren Pforten ein,
Vom Zauberwald, wo man den Ochsen stach im Morgengrau,
Der, als die Nacht sich senkte, lag auf goldner Bahre hier.
Viel Königinnen wohnen dort, Branwen und Guinevere;
Niamh, Fand und Laban trifft man als Rehkitz, Otterfrau,
Die Waldfee, deren Liebster spreizt als Falke sein Gefieder;
Wohin die Träume mich auch ziehen, Wald, Festung, Meeresstrand.
Selbst auf dem Meer mit Königen, das Ruder in der Hand,
So hör ich überall der Harfe Lob- und Klagelieder.
Dass ich hier unterm Jägermond, so zwischen Tag und Traum,
Von Frauenliebreiz träumen muss, den böser Zauber bannt,
Weil eine alte Mär den Weg von weither zu mir fand,
Das lastet allzu schwer auf mir, und ich ertrag es kaum.[135]

Yeats war sich seiner Rolle als Sänger Irlands durchaus bewusst. Und als er im Jahre 1923 den Nobelpreis für Literatur erhielt, so war dies auch eine Würdigung des jungen irischen Freistaates, der im Jahr zuvor seine Unabhängigkeit erlangt hatte. Yeats bewohnte seit 1919 einen festungsartigen Turm in Galway, ganz im Westen Irlands, wo man auf die Weiten des Atlantiks hinausblickt und vielleicht am nebelverschleierten Horizont die wundersamen Feeninseln erblickt, von denen die Sage erzählt. Dieser Turm wurde für Yeats zum wichtigsten Symbol seiner reifen Dichtung (vgl. seine Sammlung *The Tower*, 1928), doch wurde er keineswegs zum Elfenbeinturm, denn der Dichter gehörte dem neugegründeten irischen Staat als Senator an. Erst 1928 lehnte er die Wiederwahl in den Senat aus gesundheitlichen Gründen ab und begab sich, eines Lungenleidens wegen, nach Rapallo an der italienischen Riviera. Aus der keltischen Dämmerung zog es ihn an die sonnenumfluteten Küsten des Südens, auf halbem Wege zu den märchenhaften Ländern des Orients, die ihn im Grunde seines Herzens immer so angezogen haben. Seine letzte Ruhestätte fand Yeats, der 1939 starb, am Fuße des Bel Bulben, einem Tafelberg nahe Sligo, im Lande der Ahnen und der Feen. Eines seiner schönsten Gedichte lautet *An die Rose am Kreuzstab der Zeit* (1893):

Rote Rose, stolze Rose, Trauerrose aller meiner Tage!
Komm her, ich singe dir manch alte Sage:
Sing von Cuchulain, der mit Fluten rang,
Vom Druiden, der mit Träumen Fergus zwang,
Ihn bannte, von Verwüstung unerhört
Und wie dein Gram die alten Sterne selbst betört,
Die tanzen überm Meer in silbernen Sandalen zu dem Lied,
Das hoch und einsam durch den Äther zieht;
Komm her, nicht mehr durch Menschenlos geblendet, lass
Mich finden unterm Astgeflecht von Lieb und Hass
In all dem Plunder, der nur für den Tag besteht,
Die ewige Schönheit, die nie untergeht.
Komm nah, komm nah, komm nah – Ach, aber dann
Lass mir noch Raum, dass Rosenstrauch ihn füllen kann!
Will nichts mehr hören von Gier und Niedertracht,
Dem schwachen Wurm in seines Erdlochs Nacht,
Der Maus, die neben mir durchs Gras huscht eben,
Den Sterblichen und ihren eilten Streben;
Will hören lernen, was Gott raunt ins Herz den Toten,

In Zungen singen lern ich nun, nach unbekannten Noten.
Komm her zu mir; eh es zu Ende ist,
Will singen ich, eh abläuft meine Frist,
Die Weise von Old Eire, die alte Klage:
Rote Rose, stolze Rose, Trauerrose aller meiner Tage![136]

Das Mysterium der Sprache

Am Anfang war das Wort, sagt die Bibel (Joh.1.1). Aber was bedeutet das *Wort*, was ist *Sprache*? Wäre das Wort nicht mehr als ein durch die Lippen ausgestoßener Laut, nicht mehr als Schallwelle, Schwingung und Ton, wäre es nicht mehr als beliebiges Getön, könnte dann das Wort überhaupt Sinnträger sein? Im Worte schwingt der *Sinn* mit, der *Logos*. Es gibt in der Tat eine Sphäre der reinen Urworte, eine vom Logos durchdrungene geistige Ursprache. Aus dem Quellgrund dieser Ursprache schöpft jedes Wortschaffen überhaupt.

Alle Kultursprachen dieser Erde, die je im Laufe der Menschheits-Geschichte entstanden sind, schöpfen aus dieser geistigen Ursprache und haben an ihr Anteil. Es gibt manche Sprachen, die näher an die Sphäre der geistigen Urworte heranreichen; es sind dies die alten heiligen Priestersprachen, wie etwa Hebräisch, Sanskrit, Ägyptisch, wo in jedem Wort die Kraft des Logos mitschwingt, wo jedes Wort Zauberwort ist – Klang, Schwingung, Mantra. In den modernen Sprachen hat diese Logoskraft nachgelassen; sie sind im Ausdruck verarmt und schwingen auf einer niederen Ebene. Man hat die Sprache auch als ein *Geschenk der Götter* bezeichnet. Und das ist sie auch. Denn Sprache ist Geist und kommt aus dem Geist; niemals aber kann Geist sich von allein aus Agglomeraten niederer Materie heranbilden. Sprache ist etwas Präexistierendes. Sie besteht von Anfang an, ohne unser Zutun, und wir können bestenfalls nur Anteil daran haben.

Sprache ist das, was den Menschen vor allen anderen, biologisch nieder stehenden Lebensformen auszeichnet. Tiere kennen keine *Sprache*, wohl aber *Verständigung*. Es wäre ein Fehler, etwa den Gesang der Wale, das Singen der Vögel als „Sprache" zu bezeichnen. Und worin liegt der Unterschied? Sprache bedeutet *Wort*, und Wort ist *Sinnträger*. Tiere sind physiologisch nicht in der Lage, artikulierte Worte auszusprechen. Sie können daher mit den Lauten ihrer Verständigung keinen *Sinn* übermitteln. Esoterisch gesehen hat die Sprache ihren Ursprung auf der Mentalebene, also auf der

Ebene des reinen Geistes, an der die biologisch unter uns stehenden Spezies keinen Anteil haben können. Das Mentale ist es ja gerade, was den Menschen auszeichnet. Der Mensch besitzt einen Mentalkörper, der ihn befähigt, Logos und damit eben Sinn zu erfassen und zu verwirklichen. Der Mensch ist der einzige Logosträger auf dem physischen Plan, er soll Gefäß des Geistes sein, das heißt, er soll den Geist in die Materie hinunterbringen und damit auch die Materie vergeistigen. Mensch hat etymologisch zu tun mit *Manas*, dem alten Sanskritwort – Geist, Sinn, Logos.

Sprache ist ein unmittelbarer Ausfluss des Mentalkörpers. Nur ein Wesen, das einen Mentalkörper besitzt, kann auch Sprache entwickeln, die gleichsam die Aufgabe hat, die Sinneinheiten des Logos in phonetische Laute einzukleiden. Das menschliche Neugeborene besitzt zwar noch keinen Mentalkörper, aber doch die Anlage dazu, und in dem Maße, in dem es seinen Mentalkörper ausbildet, erlernt es auch die Werkzeuge der Sprache. Gleichzeitig damit gehen physiologische Veränderungen einher: der Kehlkopf wandert weiter nach unten, sodass die Mundhöhle einen Resonanzboden bildet und artikulierte Laute gebildet werden können. Kein Tier besitzt den Kehlkopf an dieser Position. Im Alter von sieben Jahren ist beim Kind die Ausbildung des Mentalkörpers weitgehend abgeschlossen, sodass es die Sprache beherrscht und sogar schon erste Ansätze eines Ichbewusstseins entwickelt. Mit sieben Jahren weiß das Kind: *Ich bin*, oder es ahnt zumindest, dass es einen einmaligen Geistesfunken besitzt, eine geistige Individualität, die ein Ausfluss des Logos ist und uns an der Welt des Logos teilhaben lässt.

Sprache ist nur zwischen selbstbewussten, logosbewussten Ich-Individualitäten möglich, und zwischen den verschiedenen Mentalkörpern fließt ständig Logos-Energie hin und her, die der Verständigung halber in phonetische Laute gekleidet und zuletzt sogar in Schriftzeichen ausgedrückt werden muss. Schrift ist gewissermaßen geronnene Sprache. Hier bekommt Sprache gleichsam Ewigkeitswert. In geschriebener Form kann Sprache äonenweite Zeiträume überdauern, und was wir heute lesen, erscheint so lebendig wie am Tag der Niederschrift.

Wenn es also die Sprache ist, die das Wesen des Menschen ausmacht, dann gilt dies für die Dichtkunst umso mehr. Durch die Dichtkunst, als spezifischem Ausdruck der *conditio humana*, wird der Mensch erst zum Menschen. Deshalb haftet der Dichtkunst etwas fast schon Heiliges an. Und die Dichtung dient eben nicht bloß der Verständigung, sondern das Dichterwort vermag die innersten Seelenregungen auszudrücken, es reicht in der Tat an das Heilige und Numinose heran, freilich ohne es jemals ganz fassen zu können. Aber das Unsagbare in Worte einzufangen, oder zumindest darum zu ringen, ist es das nicht gerade, was das Wesen der Dichtkunst ausmacht?

Anmerkungen und Zitate

[1] Platon, Phaidros 245 a.

[2] W. Marg, Mensch und Technik, Athen 1970, S. 89.

[3] Novalis, Werke in zwei Bänden, Band 2, Köln 1996, S. 261.

[4] Johann Wolfgang Goethe, Werke. 6. Band, Frankfurt 1986, S. 13.

[5] Lyrik des Ostens, München 1978, S. 469.

[6] Grundlagen und Technik der Schreibkunst, hg. v. Otto Schumann, Herrsching 1983, S. 172-73.

[7] Unvergängliche deutsche Gedichte, hg. v. W. Elsner, München 1955, S.9.

[8] Die Homerischen Götterhymnen, deutsch von Thassilo von Scheffer, Leipzig 1974, S. 136.

[9] Klabund, Literaturgeschichte, Wien 1929, S. 11.

[10] Richard Maurice Bucke, Die Erfahrung des kosmischen Bewusstseins, Freiburg 1975, S. 34.

[11] Hans Joachim Störig, Kleine Weltgeschichte der Philosophie, Stuttgart 1950, S. 30.

[12] Helmuth von Glasenapp (Hg.), Indische Geisteswelt, Band 1, Hanau 1986, S. 17 / 18.

[13] Ebenda, S. 28.

[14] Ebenda, S. 19 / 20.

[15] Ebenda, S. 20 / 21.

[16] Helmuth von Glasenapp (Hg.), Indische Geisteswelt , S. 24.

[17] Originalfassung der Kena-Upanishad in: Theosophie Adyar, Heft 2 / 1999, S. 73-75.

[18] Prosaübersetzung in: Die Upanishaden, Köln 1986, S. 168-169.

[19] Arthur Schopenhauer, Die Welt als Wille und Vorstellung, Erster Band / Zweiter Teilband, Köln 1997, S. 521.

[20] Helmuth von Glasenapp (Hg.), Indische Geisteswelt, Band 2, Hanau 1986, S. 15.

[21] Ramayana. Ins Dt. übertr. v. Claudia Schmölders, München 2004, S. 24-25.

[22] Edouard Schure, Die Großen Eingeweihten, 19. Aufl. München 1989, S. 54.

[23] Ramayana, S. 154-55.

[24] Ramayana, S. 170-172.

[25] Ramayana, S. 284.

[26] Zt. nach Emil Nack, Ägypten, 126.

[27] Nach E. Nack, 129-131.

[28] Das Gilgamesch-Epos. Rhythmisch übertragen von Hartmut Schmökel, 4. Aufl. Stuttgart 1985, S. 23.

[29] Ebenda, S. 24-25.

[30] Ebenda, S. 66-67.

[31] Ebenda, S. 80.

[32] Ebenda, S. 88.

[33] Ebenda, S. 105.

[34] Ebenda, S. 110.

[35] Nach Claire Lalouette, Weisheit des Orients, Krummwisch 2001, S. 230-31.

[36] Das Gilgamesch-Epos, S. 119.

[37] F. W. J. Schelling, Ausgewählte Werke, Darmstadt 1976, S. 643.

[38] Odyssee I, 1-5.

[39] H. P. Blavatsky, Die Geheimlehre, Den Haag, Band 2, S. 813.

[40] Ebenda.

[41] Odyssee IX, 105-115.

[42] Die Geheimlehre, ebenda.

[43] Odyssee X, 504-512.

[44] Odyssee XI, 473-476.

[45] Zt. nach B. L. van der Waerden, Die Pythagoreer, München 1979, S. 23.

[46] Zt. nach E. Baltzer, Pythagoras der Weise von Samos (1868), Neudruck. Heilbronn 1987, S. 145.

[47] Nach van der Waerden, S. 151,ff.

[48] O. Holzapfel, Lexikon der abendländischen Mythologie, Freiburg 1993, S. 21.

[49] Zt. nach W. F. Veltman, Dantes Weltmission, Stuttgart 1979, S. 17-18.

[50] Dante Alighieri, Die Göttliche Komödie, übers. v. O. Gildemeister, Essen 1983, S. 54.

[51] Inferno, 34, 37-52 / Textausgabe S. 204.

[52] Purgatorio 16, 46-49 / S. 286.

[53] Purgatorio 16, 75-78 / S. 287.

[54] Paradiso 1, 4-6 / S. 377.

[55] Paradiso 1, 73-75 / S. 379.

[56] Par. 30, 38-42 / S. 524.

[57] Par. 33, 55-63 / S. 539.

[58] Novalis, Werke in zwei Bänden, Band 2, Köln 1996, S. 103.

[59] Ebenda, S. 166.

[60] Zt. aus: Mondbeglänzte Zaubernacht. Gedichte der deutschen Romantik, Augsburg 1994, S. 101.

[61] Novalis, Werke in zwei Bänden, Band 2, Köln 1996, S. 313.

[62] Weisheiten deutscher Klassiker, Orbis Edition 1999, S. 19.

[63] Friedrich Gottlieb Klopstock, Dichtungen und Schriften. Eine Auswahl aus dem Gesamtwerk. Auswahl und Einführung von Walter Flemmer, München o. J., S. 85, ff.

[64] Ebenda, S. 96, ff.

[65] Ebenda, S. 120, ff.

[66] zt. nach: Heinrich Zelton / Eduard Wolf, Der neue Literaturführer. Deutsche Dichtung vom Nibelungenlied bis zur Weimarer Klassik, Weyam 1996, S. 155 / 156.

[67] Gotthold Ephraim Lessing, Unvergängliche Prosa. Die philosophischen, theologischen und esoterischen Schriften, München / Wien o. J., S. 135.

[68] Ebenda, S. 291.

[69] Ebenda.

[70] Deutsche Gedichte aus acht Jahrhunderten, Klagenfurt 1986, S. 77-78.

[71] G. E. Lessing, Unvergängliche Prosa, S. 389-391.

[72] William Blake, Die Hochzeit von Himmel und Hölle, Bad Münstereifel 1987, S. 46.

[73] Ebenda.

[74] Ebenda, S. 45.

[75] Ebenda, S. 44.

[76] Ebenda, S. 98-99.

[77] Ebenda, S. 88.

[78] Zt. aus: William Blake, Zwischen Feuer und Feuer, München 2007, S. 490.

[79] Ebenda, S. 229,

[80] Goethes Sämtliche Werke in 45 Bänden, Erster Band, Berlin-Leipzig o. J. , S. 328-36.

[81] Goethes Gedichte in zeitlicher Folge, Frankfurt 1982, S. 842-43.

[82] Ebenda, S. 861.

[83] Goethes Sämtliche Werke, Zweiter Band, S. 438.

[84] Ebenda, S. 439.

[85] Ebenda, S. 439.

[86] Schiller Werke, Zweiter Band, München-Wiesbaden o. J. , S. 450.

[87] Ebenda, S. 450 – 463. Alle weiteren Zitate ebendort.

[88] Ebenda, S. 248.

[89] Friedrich Hölderlin, Sämtliche Werke, Bd.1, München / Wiesbaden o.J., S. 182.

[90] Ebenda, S. 426.

[91] Ebenda, S. 497.

[92] Ebenda, S. 175.

[93] Ebenda, S. 293.

[94] Ebenda, S. 181.

[95] Ebenda, S. 228.

[96] Richard Maurice Bucke, Die Erfahrung des kosmischen Bewusstseins, Freiburg 1975, S. 34.

[97] Novalis, Werke in zwei Bänden, Bd.2, Köln 1996, S. 256.

[98] Novalis, Werke ..., Bd.1, Köln 1996, S. 96.

[99] Ebenda, S. 117-119.

[100] Werke, Bd.2, S. 103.

[101] Ebenda, S. 120.

[102] Ebenda, S. 186.

[103] Ebenda, S. 173.

[104] Ebenda, S. 175.

[105] Ebenda, S. 271.

[106] Werke, Bd. 1, S. 396.

[107] Werke, Bd. 2, S. 254 / 55.

[108] Ebenda, S. 107-109.

[109] Werke, Bd.2, S. 229.

[110] Ebenda, S. 249.

[111] Ebenda, S. 187.

[112] Ebenda, S. 301.

[113] Werke, Bd.1, S. 44.

[114] Werke, Bd.2, S. 356.

[115] Mondbeglänzte Zaubernacht. Gedichte der deutschen Romantik, Augsburg 1994, S. 17.

[116] Friedrich Rückert, Ausgewählte Werke, hg. v. Annemarie Schimmel, Erster Band, Frankfurt 1988, S. 217.

[117] Ebenda, S. 308.

[118] Ebenda, S. 316, f.

[119] Rabindranath Tagore, Gesammelte Werke. Lyrik, Prosa, Dramen. Herausgegeben von Martin Kämpchen. Düsseldorf und Zürich 2005, S. 7-8.

[120] Rabindranath Tagore, Gitanjali, Köln 2013, S. 12-13.

[121] Ebenda S. 91.

[122] Gesammelte Werke S. 484.

[123] Ebenda S. 105-106.

[124] Pandid Sri S. Nehru, Mahatma Gandhi. Leben und Werk des großen Freiheitskämpfers, Köln 1985, S. 66.

[125] Gesammelte Werke, S. 37-38.

[126] Gesammelte Werke S. 491-92.

[127] Gesammelte Werke S. 111.

[128] Sylvia Cranston, HPB – Leben und Werk der Helena Blavatsky, Satteldorf 1995, S. 548–49.

[129] William Butler Yeats, Die Gedichte, hg. von Norbert Hummelt, München 2005, S. 18.

[130] S. Cranston, HPB, S. 546.

[131] John Symonds, Aleister Crowley – Das Tier 666, München 1996, S. 46.

[132] Yeats, Die Gedichte, S. 258.

[133] Ebenda, S. 415.

[134] Ebenda, S. 212.

[135] Ebenda, S. 93.

[136] Ebenda, S. 37.

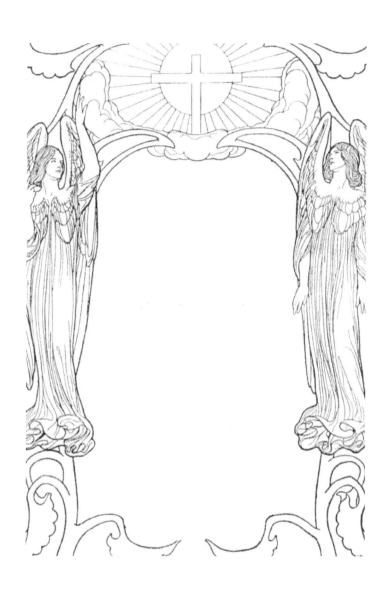

Über den Autor

Dr. Manfred Ehmer hat sich als wissenschaftlicher Sachbuchautor darum bemüht, die großen kulturgeschichtlichen Zusammenhänge aufzuzeigen und die archaischen Weisheitslehren für unsere Zeit neu zu entdecken. Mit Werken wie DIE WEISHEIT DES WESTENS, GAIA und HEILIGE BÄUME hat sich der Autor als gründlicher Kenner der westlichen Mysterientradition erwiesen, mit DAS CORPUS HERMETICUM einen Grundtext der spirituellen Philosophie vorgelegt. Daneben stehen lyrische Nachdichtungen etwa des berühmten HYPERION von John Keats oder des vedischen HYMNUS AN DIE MUTTER ERDE. Besuchen Sie den Autor auf seiner Internetseite:

www.manfred-ehmer.net